Sir Arthur Conan Doyle

Ausgewählte Werke ~ Band 27

Das Congoverbrechen

Sir Arthur Conan Doyle

Das Congoverbrechen

Eine Streitschrift

HERAUSGEGEBEN VON OLAF R. SPITTEL

VERLAG 28 EICHEN
BARNSTORF

Übersetzung aus dem Englischen von C. Abel-Musgrave.
Originaltitel: The Crime of the Congo.
Erstveröffentlichung: Hutchinson & Co., London 1909
Die vorliegende Ausgabe folgt der deutschen Erstveröffentlichung
Arthur Conan Doyle: Das Congoverbrechen. Dietrich Reimer, Berlin 1909

Die Rechtschreibung wurde beibehalten.
Fehler wurden stillschweigend korrigiert.

Die Deutsche Bibliothek verzeichnet diese Publikation
in der Deutschen Nationalbibliographie.
Detaillierte bibliographische Daten sind im Internet über
http://dnb.ddb.de abrufbar

ISBN 978-3-940597-29-8

unter Verwendung eines Bildes von Sidney Paget (1897)
Schattenriß auf Seite 2 aus: Bernhard Fehr: Die englische Literatur des 19.
und 20 Jahrhunderts. Akademische Verlagsgesellschaft Athenaion,
Berlin-Neubabelsberg 1923 nach: Bookman 1912

Herstellung: Books on Demand GmbH, Norderstedt

Inhalt

An meine deutschen Leser

Im Jahre 1885 wurde der Congo-Staat auf Grund des Berliner Vertrages gebildet. Altmeister Bismarck führte bei den Verhandlungen den Vorsitz.

Die beiden hauptsächlichsten Bestimmungen dieses Vertrages sind in den Paragraphen 5 und 6 enthalten und auf den nachfolgenden Seiten ausführlich wiedergegeben. Durch die eine Bestimmung wurde der Congo-Staat verpflichtet, innerhalb seiner Grenzen völlig ungehinderte, freie Handelsbetätigung zu gewähren. Durch die zweite Bestimmung verpflichteten sich alle beteiligten Nationen feierlich „in dem Namen des Allmächtigen Gottes" über das Wohl und Wehe der Congo-Ein-geborenen zu wachen.

Wie diese feierlichen Verpflichtungen gehalten worden sind, gehört der Geschichte an. Man lasse nur eine deutsche Handelskarawane die Grenzen des Congo-Staates überschreiten, um in Erfahrung zu bringen, ob freier Handel besteht. Und was das Geschick der Eingeborenen betrifft, so hat man an denselben ein Verbrechen begangen, das meiner Kenntnis nach in der Geschichte der Menschheit beispiellos dasteht, ein Verbrechen, an welchem Ihr Deutsche ebenso mitschuldig seid, wie wir Engländer, denn wir haben uns feierlichst verpflichtet, es zu verhindern, und dennoch haben wir es geduldet und untätig dabeigestanden, als es verübt wurde.

Im August 1908 übernahm Belgien die Regierung des Congo; doch heute noch sind die Verhältnisse dort so gräßlich wie je zuvor. Freiheit des Handels besteht nicht; die Eingeborenen werden in Banden der Sklaverei gehalten und vergewaltigt, während ihr ganzes Eigentum vom Staate geraubt und für denselben in Anspruch genommen wurde. Erst kürzlich hat ein zuverlässiger deutscher Augenzeuge, Dr. Doerpinghaus aus Barmen, unzweifelhaft nachgewiesen, daß im Busirélande, welches im Mittelpunkt der Kolonie liegt, noch dieselben Greuel verübt werden, wie in früheren Zeiten. Was er über die Chicotte und das Geiselhaus, über bewaffnete Wilde und eingeäscherte Dörfer berichtet, ist genau dasselbe, was schon so oft erzählt worden ist.

Wenn die Geschichte nachforschen wird, wie es möglich war, daß ein winziger Staat ein so ungeheures Verbrechen ungestraft verüben durfte, so wird die Antwort sein: man hat eine Religion gegen die andere listig ausgespielt, ein Land gegen das andere, Katholiken gegen Protestanten, Deutsche gegen Engländer – hat alle gegeneinander gehetzt, damit ein kleiner Kreis reicher, gewissenloser Gummihändler den Vorteil ziehe. Leicht erklärliche Eifersucht, angeschürt durch ein schlau geleitetes Preßbureau, hat die Mächte veranlaßt, sich voller Mißtrauen zu beobachten, während sie ihre Augen auf den Übeltäter hätten richten sollen, um seinen Opfern Rettung zu bringen.

Sicherlich, jetzt, nach all diesen Jahren, ist es an der Zeit, einzuschreiten. Und der grundlose Zwiespalt in dieser Sache zwischen unseren beiden großen Nationen hat lange genug angedauert. Wenn wir uns die Hände reichen, um unserer gemeinsamen Pflicht zu genügen, so mag daraus die Morgenröte freundlicherer Beziehungen und besseren Verständnisses für einander erwachsen. Man kennt in England keine Eifersucht auf deutsche Ausdehnung in Afrika. Vielmehr geben wir zu, daß die tropischen deutschen Kolonien auf hoher Stufe der Ordnung und Zivilisation stehen. Unser ganzer Wunsch ist, in den unglücklichen Gebieten des Congo ähnliche Methoden eingeführt zu sehen. Was jedoch auch schließlich die endgültige Lösung der Frage sein wird, so bin ich doch sicher, daß kein unparteiischer Deutscher die nachfolgende Schilderung wird lesen können, ohne unserem Entschlusse beizustimmen, daß dem gegenwärtigen gräßlichen Zustand unter allen Umständen ein Ende bereitet werden müsse. Wenn man nicht auf die Ausführung des Berliner Vertrages dringt, warum sollte dann irgend ein anderer Vertrag heilig gehalten werden? Und wenn man seine Durchführung erzwingt, so würde auf ein Wort Englands und Deutschlands das ganze Gebäude der Gewalttätigkeit und des Raubes morsch zusammenstürzen.

Diejenige Nation, welche den ersten entscheidenden Schritt tut, wird ihre moralische Überlegenheit über die ganze Welt beweisen.

Arthur Conan Doyle

I. Wie der Congo-Freistaat begründet wurde

König Leopold II. von Belgien begann schon in den frühen Jahren seiner Regierung für Zentral-Afrika ein Interesse zu zeigen, welches lange Zeit hindurch edler Gesinnungsart und Menschenliebe zugeschrieben wurde, bis der Kontrast zwischen derartigen Beweggründen und tatsächlicher skrupelloser geschäftlicher Ausbeute allzu offenbar wurde. Schon im Jahre 1876 berief er eine Konferenz von Philanthropen und reisenden Forschern, die in Brüssel zusammentrafen, um verschiedene Pläne bezüglich der Erschließung des dunklen Erdteils zu erörtern. Infolge dieser Konferenz entstand die sogenannte Internationale Afrikanische Gesellschaft (International African Association), trotz ihres Namens fast ausschließlich eine belgische Körperschaft, mit dem belgischen König als Präsidenten. Ihr angeblicher Zweck war die Erforschung des Landes und die Begründung von Stationen, welche als Zentren der Zivilisation und Ruheplätze für Reisende dienen sollten.

Als Stanley von seiner großen Reise im Jahre 1878 zurückkehrte, wurde er in Marseilles von einem Sendboten des Königs von Belgien erwartet, der die Dienste des berühmten Forschers für seine Gesellschaft sicherte. Stanleys besondere Aufgabe bestand darin, den Congo dem Handel zu eröffnen und mit den Eingeborenen Vereinbarungen zu treffen, auf Grund deren Stationen und Niederlagen errichtet werden könnten. Bereits im Jahre 1879 war Stanley mit charakteristischer Energie bei der Arbeit. Seine eigenen Absichten waren bewundernswert. „Wir bedürfen nur der bloßen Berührung“, schrieb er, „um die Eingeborenen davon zu überzeugen, daß unsere Absichten rein und ehrbar sind und daß wir mehr dem materiellen und gesellschaftlichen Wohl der Eingeborenen dienen, als unseren eigenen Interessen. Wir kommen, um den Segen zu verbreiten, der sich aus freundschaftlichem und gerechtem Verkehr mit Leuten ergibt, die bisher ihnen Fremde waren.“ Stanley war zwar ein harter Mann, aber kein Heuchler. Es kann kein Zweifel darüber bestehen: was er sagte, das meinte er auch. In Anbetracht der Berichte, die zur Entschuldigung König Leopolds von der Faulheit und Dummheit der Eingeborenen verbreitet werden, ist die Tatsache beachtenswert, daß Stanley ihren Fleiß und ihre kaufmännischen Fähigkeiten außerordentlich hoch einschätzte. Die folgenden Auszüge aus seinen Schriften lassen hierüber keinen Zweifel aufkommen:

„Bolobo ist ein großes Zentrum für den Elfenbein- und Farbholzhandel (Camwood-powder), hauptsächlich deshalb, weil die Leute so unternehmend sind."

Von Irebu, einem „Venedig des Congo", sagt er: „Diese Leute kannten tatsächlich viele Länder und Völker am oberen Congo. Von Stanley-Pool bis Upoto, einer Entfernung von 600 (englischen) Meilen, waren sie mit jedem Landungsplatz an dem Flußufer vertraut. Alle die intimsten Verhältnisse des wilden Lebens, Verhältnisse des Gewinnes und Verlustes im Tauschhandel, alle diplomatischen Künste taktvoller Wilder, waren ihnen so gut bekannt, wie uns das Alphabet .... Kein Wunder, daß diese kaufmännische Errungenschaft ihre Spur auf den Gesichtern eingegraben hatte; es ist der gleiche Fall wie in unseren eigenen europäischen Städten. Erkennt man nicht den Soldaten unter Euch, den Rechtsanwalt und den Kaufmann, den Bankier, den Künstler oder den Dichter? So ist es auch in Afrika, namentlich aber am Congo, wo die Leute dem Handel so ergeben sind.

„Während der wenigen Tage unseres gegenseitigen Verkehrs erwarben wir eine hohe Meinung von ihren Eigenschaften – auch die Industrie, allerdings ihren Verhältnissen angemessen, fiel nicht am wenigsten auf.

„Wie früher sandten Umangi vom rechten Ufer und Mpa vom linken ihre Vertreter mit großen und kleinen Elephantenzähnen, Ziegen und Schafen und pflanzlichen Nahrungsmitteln. Mit Ungestüm drangen sie darauf, daß wir von ihnen kaufen sollten. Solchen dringenden Mahnungen gegenüber, die sich mit gewinnender Freundlichkeit paarten, war es schwer zu widerstehen.

„Ich spreche von geschäftstüchtigen eingeborenen Handelsleuten, die uns meilenweit folgten, um das kleinste Stückchen Tuch zu ergattern. Nachdem sie viele Meilen gefolgt waren, um Tuch für Elfenbein und Farbholz auszutauschen, frugen sie uns verzweifelt: ‚Nun? Was wollt Ihr denn haben? Sagt es, und wir werden es besorgen.'"

Bezüglich des englischen Skeptizismus den Absichten des Königs Leopold gegenüber sagt Stanley: „Obgleich sie die Befriedigung verstehen, die sentimental-ideelle Beweggründe (politischen Handelns) mit sich bringen, wenn England in Betracht kommt, wird es ihnen schwer zu begreifen, daß es vielleicht solch ein sentimental-ideeller Beweggrund ist, der den König Leopold dazu treibt, diese internationale Gesellschaft väterlich zu fördern. Er ist ein Träumer ebenso wie seine Mitarbeiter in diesem Werke, ein Träumer, weil es sich um die Ausführung eines Ideals im Interesse der vernachlässigten Millionen des dunklen Erdteiles handelt. Weil keine Dividenden damit verknüpft sind, können die Engländer dieses brennende, Leben gebende, Grenzen ignorierende Verlangen nicht würdigen, welches bestrebt ist, zivilisierende Einflüsse unter den dunklen Rassen zu verbreiten und mit der Morgenröte der Zivilisation in das Dunkel des kummervollen Afrika hineinzuleuchten.“ –

Wir können diese Auszüge nicht anführen, ohne zu erwähnen, daß Bolobo, der erste von Stanley genannte Platz, mit seiner Bevölkerung von damals vierzigtausend heute auf siebentausend herabgesunken ist; daß Irebu, welches Stanley „das volkreiche Venedig des Congo“ nennt, im Jahre 1903 eine Bevölkerung von nur fünfzig zählte; daß die Eingeborenen, die früher Stanley folgten, um ihn schmeichelnd und bittend zum Handel zu bewegen, jetzt, nach den Aussagen des Konsul Casement, bei dem Herannahen eines Dampfers in das Gebüsch flüchten, und daß der „selbstlose, ideell-sentimentale Beweggrund“ König Leopolds des Zweiten sich zu Dividenden entwickelt hat, die jährlich dreihundert Prozent bringen So groß ist der Unterschied zwischen Stanleys Erwartung und ihrer tatsächlichen Erfüllung.

Ohne jedoch durch Visionen des zerstörenden Einflusses seines eigenen Werkes geschreckt zu werden, verrichtete Stanley angestrengte Arbeit unter den eingeborenen Häuptlingen und kehrte zu seinem Auftraggeber mit nicht weniger als 450 angeblichen Verträgen zurück, welche der Vereinigung Land überwiesen. Wir haben keine Aufzeichnung über die tatsächliche Summe, die zur Erlangung dieser Verträge verausgabt wurde, aber wir kennen die Bedingungen einer ähnlichen Abmachung, die im Jahre 1883 in Palabala von einem belgischen Offizier vereinbart wurde. In diesem Falle bestand die dem Häuptling gemachte Zahlung aus: „einem Rock von rotem Stoff mit goldenen Aufschlägen, einer roten Kappe, einem weißen Unterkleide, einem Stück weißen Kattuns, einem Stück roter „points“, einer Kiste Liqueur, vier Korbflaschen Rum, zwei Kisten Gin, 128 Flaschen Gin, zwanzig roten Taschentüchern, vierzig Unterhemden und vierzig alten baumwollenen Mützen.“ Es ist klar, daß der Häuptling bei dem Abschluß derartiger Verträge glaubte, daß er die Erlaubnis zur Errichtung einer Station gab. Der Gedanke, daß er tatsächlich Land forttauschte, kam ihm niemals in den Sinn, denn das Land war Gemeindebesitz des ganzen Stammes und stand dem Häuptling nicht zum Zwecke des Tausches zur Verfügung. Und dennoch hat man kraft solcher Verträge zwanzig Millionen Menschen ihres Besitztums beraubt, und hat proklamiert, daß der ganze Reichtum des Landes und selbst der ganze Landbesitz nicht den Einwohnern, sondern dem Staate gehöre, das heißt, dem König Leopold.

Mit diesem Bündel von Verträgen in der Tasche wandte sich jetzt der König von Belgien mit hochtönenden, von Menschenliebe triefenden Phrasen an die Mächte mit dem Ersuchen, dem Staate, den er bilden wolle, die Anerkennung der Nationen zu gewähren. Heuchelte er damals absichtlich? Sah er damals schon voraus, wie weit sich seine zukünftige Handlungsweise von der Äußerung seiner Absichten entfernen würde? Das ist ein Problem für den zukünftigen Geschichtsforscher, dem ausreichenderes Material zur Verfügung stehen mag, als uns. Einerseits wurde die Ausführung seiner Pläne und Absendung seiner Expeditionen in verstohlene Heimlichkeit gehüllt, die bei philanthropischen Unternehmungen durchaus nicht am Platze ist. Auf der anderen Seite aber sind menschlicher Kunst der Täuschung Grenzen gezogen, und es ist kaum denkbar, daß ein Mann, der nur eine Rolle spielte, die ganze zivilisierte Welt so getäuscht haben könnte. Es scheint mir wahrscheinlicher, daß sein ehrgeiziger Scharfblick in Afrika Möglichkeiten der Betätigung. erkannte, die ihm sein kleines Königreich nicht geben konnte. Er wählte den offenen Weg – nämlich den einer zivilisierenden und veredelnden Mission und verfolgte dabei die Bahn des geringsten Widerstandes, ohne bestimmte Vorstellung, wohin dieselbe führen möge. Sobald er jedoch den Tatsachen gegenüber stand, begriff sein scharfer Verstand die großen materiellen Möglichkeiten des Landes; seine früheren Träume verblaßten vor seiner gewissenlosen Habgier. Von Stufe zu Stufe glitt er abwärts, bis der Mann mit den „heiligen Bestrebungen“ von 1885 jetzt im Jahre 1909 inmitten einer Wolke so gräßlicher direkter persönlicher Verantwortung dasteht, wie sie kein Mann in der modernen europäischen Geschichte jemals zu tragen hatte.

Mit unserer Kenntnis der Folgen klingen jetzt die damaligen Erklärungen des Königs und seiner Vertreter allerdings lächerlich. Tatsächlich waren sie im Begriffe, ein Handelsmonopol im genauesten Sinne des Wortes zu begründen, eine Organisation, dazu bestimmt, allen allgemeinen und privaten Handel in einem Lande zu ersticken, das so groß ist, wie ganz Europa ohne Rußland. Das war das zugestandene Resultat ihres Unternehmens. Und damit vergleiche man die Worte, die M. Beernaert, der belgische Premierminister, im Jahre 1885 sprach:

„Der Staat, dessen Herrscher unser König sein wird, wird eine

Art internationaler Kolonie sein. Dort werden keine Monopole, keine Privilegien existieren … Ganz im Gegenteil: absolute Freiheit des Handels, Eigentums und der Schiffahrt.“ Und der Baron Lambermont, der belgische Bevollmächtigte auf der Berliner Konferenz, sagte: „Die Versuchung, willkürliche Steuern zu erheben, wird, falls notwendig, in der Freiheit des Handels ihr Gegengewicht finden. … Über die genaue und wörtliche Bedeutung des Ausdruckes: ‚in kommerziellen Angelegenheiten‘ herrscht kein Zweifel. Das heißt … das uneingeschränkte Recht für jeden, zu kaufen und verkaufen.“

Die Frage menschlichen Erbarmens mit den heutigen Verhältnissen ist so dringend, daß sie die Tatsache der gebrochenen Handelsverpflichtungen in den Schatten stellt. In bezug auf die letztere jedoch kann man mit voller Berechtigung sagen, daß jede Bedingung, kraft derer der Staat begründet wurde, offen und bekanntermaßen verletzt worden ist und daß deshalb alle urkundlichen Abmachungen von Anfang an nichtig geworden sind.

Die Erklärung der Absichten des Königs hatte zur Folge, daß die ganze Welt sein enthusiastischer Bundesgenosse wurde. Die Vereinigten Staaten waren die ersten, die sich beeilten, dem neuen Staate ihre formelle Anerkennung auszusprechen. Mögen sie auch jetzt die ersten sein, die Wahrheit zu erkennen und öffentliche Schritte zu unternehmen, um das Geschehene wieder gut und nach Kräften ungeschehen zu machen. Die Kirchen und Handelskammern Großbritanniens waren insgesamt für Leopold – die ersteren, weil sie sich durch die Aussicht, ihre Missionen in das Herz Afrikas vorzuschieben, angezogen fühlten, die anderen, weil sie von dem Anerbieten eines offenen Marktes entzückt waren. Auf dem Kongresse von Berlin, der zur Klärung der Lage zusammenberufen worden war, wetteiferten die Nationen miteinander, die Pläne des Belgierkönigs zu fördern und seine „hohen Zwecke“ zu preisen. Unter großem Jubel wurde der Congo-Freistaat begründet. Der Veteran Bismarck, gläubig wie die anderen, verkündete den Weihespruch bei der Taufe indem er sagte: „Der neue Congo-Staat ist berufen, einer der hauptsächlichsten Förderer des Werkes der Zivilisation zu werden, das wir erstreben, und ich bete für seine gedeihliche Entwickelung und die Erfüllung der edlen Bestrebungen seines erlauchten Begründers.“ So vollzog sich die Geburt des Congo-Freistaates. Hätten die versammelten Völker einen Blick in die Zukunft tun können, hätten sie den Verrat an der Religion und Zivilisation schauen können, die ungeheure Kette von Verbrechen in ganz Zentral-Afrika, den Niedergang des Prestiges aller weißen Rassen – sie würden sicher das Ungeheuer in der Wiege erwürgt haben.

Es ist nicht notwendig, hier die Bestimmungen des Berliner Kongresses vollständig wiederzugeben. Zwei von ihnen werden genügen, da sie die wichtigsten sind und zu gleicher Zeit am offenbarsten verletzt werden. Die erste dieser Vereinbarungen ist im fünften Artikel niedergelegt und besagt: „Keine Macht, welche in den genannten Gebieten die souveräne Gewalt ausübt, soll das Recht haben, in denselben Monopole oder Privilegien irgend einer Art in Handels-Angelegenheiten zu gewähren.“ Keine Worte konnten klarer sein, und die belgischen Vertreter nahmen noch besondere Veranlassung, diese Bestimmung zu betonen, denn sie waren sich bewußt, daß solch eine Klausel allen Widerstand entwaffnen müßte. „In dieser Hinsicht kann keine privilegierte Lage entstehen", sagten sie. „Der Weg bleibt auf dem Gebiete des Handels geebnet ohne irgend welche Einschränkung des freien Wettbewerbes.“ Es würde interessant sein, eine britische oder deutsche Handels-Expedition heutzutage den Congo hinauf zusenden, um den freien Wettbewerb, der so umständlich versprochen wurde, zu suchen. Man könnte dabei Erfahrungen sammeln lassen, welches Willkommen ihr von der monopolistischen Regierung und den monopolistischen Gesellschaften, die das Land unter sich geteilt haben, bereitet werden würde. Die Dinge sind ziemlich weit gediehen, seitdem Fürst Bismarck auf der letzten Versammlung der Konferenz erklärte, der Erfolg derselben „sichere dem Handel aller Nationen freien Zugang zum Herzen Afrikas.“

Noch wichtiger aber ist Artikel 6, sowohl auf Grund seiner erstrebten Ziele und Zwecke, als auch deshalb, weil sich die Unterzeichner des Vertrages „im Namen des Allmächtigen Gottes“ feierlichst verpflichteten, über seine Ausführung zu wachen. Diese Bestimmung lautet: „Alle die Mächte, welche souveräne Rechte oder Einflüsse in diesen Territorien ausüben, verpflichten sich, über die Erhaltung der eingeborenen Bevölkerung und über die Hebung ihrer moralischen und materiellen Lebensbedingungen zu wachen und zusammen zu wirken, um den Sklavenhandel und die Sklaverei zu unterdrücken.“ Das war die Verpflichtung, welche die vereinigten Nationen Europas auf sich nahmen. Und für jede dieser Nationen – einschließlich der Engländer – ist die Art und Weise eine Schande, wie man diese feierliche, schwurgleiche Verpflichtung zur Ausführung brachte. In Nachfolgendem wird bewiesen werden, daß sich vor ihren Augen eine lange, entsetzliche Tragödie abgespielt hat, die von Priestern, Missionaren, Händlern, Reisenden und Konsuln bezeugt und sogar von einer belgischen Kommission bestätigt wurde. Vor ihren Augen sind diese unglücklichen Schwarzen, die doch die Mündel der beteiligten Nationen waren, ihres ganzen Besitztums beraubt, zum Laster geführt, in ihrer Menschenwürde herabgezerrt, verstümmelt, gemartert, gemordet worden, und zwar in so ruchlosem Umfange, daß, meines Wissens nach, die menschliche Geschichte in ihrem ganzen Verlaufe kein ähnliches Beispiel bietet. Und trotzdem jetzt nach all diesen Jahren die Tatsachen klar zu Tage liegen, befinden wir uns immer noch im Stadium diplomatischer Vorstellungen. Als Entschuldigung kann für uns nicht gelten, daß Frankreich und Deutschland der in Berlin übernommenen Verpflichtung sogar noch weniger Beachtung schenkten, als wir es getan haben. Achtbare Menschen entschuldigen die Tatsache, daß sie ihr Wort gebrochen haben, nicht damit, daß sie auf ihren Nachbarn weisen, der dasselbe getan hat.

II. Die Entwickelung des Congo-Staates

Nachdem König Leopold sein Mandat von der zivilisierten Welt empfangen hatte, machte er sich daran, die Regierung des neuen Staates zu bilden, der in der Theorie von Belgien unabhängig sein, wenn auch von derselben Person beherrscht werden sollte. In Europa war König Leopold ein konstitutioneller Monarch, in Afrika ein absoluter Autokrat. Drei Minister wurden für den neuen Staat ernannt: für äußere Angelegenheiten und für innere und für Finanzen. Wir können jedoch nicht klar genug darauf hinweisen, daß die Minister und ihre Nachfolger bis zum Jahre 1908 vom Könige ernannt und vom Könige bezahlt wurden, dem Könige allein verantwortlich und tatsächlich in jeder Beziehung einfach seine höheren Angestellten waren. Bei jeder einzelnen neuen Entwickelungsstufe kann man die Triebkraft einer Politik und eines ebenso fähigen wie Unheil brütenden Gehirns erkennen. Wenn man jemals die Absicht hatte, sich der Minister als eines Schirms zu bedienen, so blieb derselbe völlig durchsichtig. Der Ursprung eines jeden Dinges ist der König, immer der König. M. van Eetvelde, einer der drei hauptsächlichsten Agenten, faßte die Verhältnisse in einem einzigen Satze zusammen: „C'est à votre majesté qu'appartient l'État." Die Minister waren einfache Verwalter, die mit dem sehr scharfwitzigen und beobachtenden Besitzer im Rücken den Geschäften vorstanden.

Schon einer der frühen Schritte war geeignet, den Beobachter zum Nachdenken anzuregen: nämlich die Verkündigung des Rechtes, Gesetze willkürlich zu erlassen, ohne dieselben in Europa zu veröffentlichen. Geheime Gesetze sollten vorhanden sein, die im Augenblick geändert werden konnten. Das „Bulletin Officiel" verkündete: „Tous les Actes du Gouvernement qu'il y a intérêt à rendre publics seront insérés au Bulletin Officiel." Damals schon lag offenbar etwas in der Luft, welches das ziemlich zähe Gewissen eines europäischen Konzertes unangenehm berühren konnte. Mittlerweile ging die Organisation des Staates vorwärts. Ein Generalgouverneur wurde erkoren, der in dem zur Hauptstadt gemachten Boma residieren sollte. Unter ihm standen fünfzehn Distriktkommissäre, um die fünfzehn Distrikte, in welche das Land geteilt war, zu regieren. Von dem ganzen Gebiete war damals nur die halbzivilisierte Gegend

Lower Congo an der Mündung des Flusses einigermaßen entwickelt. Dort lebte die weiße Bevölkerung. Die oberen Gegenden des Flusses und seiner großen Arme waren nur einigen besonders eifrigen Missionaren und unternehmenden Forschern bekannt. Grenféll und Bentley von der Mission, wie der Deutsche von Wißmann, und der immer energische Stanley, waren die Pioniere, welche während einiger weniger der folgenden Jahre das große Hinterland eröffneten – den zukünftigen Schauplatz so gräßlicher Ereignisse.

Aber das Werk des Forschers mußte bald durch die Arbeit des Soldaten ausgedehnt und ergänzt werden. Während die Belgier das Land des Congo vom Westen aus betreten hatten, fielen die arabischen Sklavenhändler vom Osten aus ein, indem sie den Fluß bis zu den Stanley-Fällen hinabgingen. Zwischen derartig entgegengesetzten Kräften konnte kein Kompromiß geschlossen werden, wenn auch der Versuch dadurch gemacht wurde, daß man den Führer der Araber zum Gouverneur des Freistaates ernannte. Ein jahrelanges, mühevolles Balgen zwischen den arabischen Sklavenhändlern und den Congo-Truppen folgte, welche letztere zum großen Teile aus kannibalischen Stämmen bestanden, Männern der Steinzeit, mit Waffen des neunzehnten Jahrhunderts ausgerüstet. Die Unterdrückung des Sklavenhandels ist ein löbliches Unternehmen, aber die Mittel, mit denen es durchgeführt wurde, und die Verwendung von Barbaren, die des Abends ihre während des Tages getöteten Opfer fraßen, waren ebenso verwerflich, wie das Übel selber. Doch läßt sich die Energie und Fähigkeit der Congo-Führer nicht leugnen, namentlich nicht die des Barons Dhanis. Im Jahre 1894 hatten sich die belgischen Expeditionen bis zum Taganyika-See vorgeschoben, die arabischen Vesten waren gefallen, und Baron Dhanis war imstande, nach Brüssel zu berichten, daß der Feldzug beendigt und die Sklavenjagden vorüber seien. Der neue Staat konnte als Verdienst für sich in Anspruch nehmen, daß er einen Teil der Eingeborenen vor der Sklaverei bewahrt hatte. Doch wird in Nachfolgendem gezeigt werden, wie man im weiteren Verlauf der Ereignisse fortfuhr, allen ein Joch aufzuerlegen, im Vergleich zu dem die frühere Sklaverei Erbarmen bedeutet hatte. Seit dem Verschwinden der arabischen Macht bediente sich der Congo-Freistaat der militärischen Gewalt nur im Falle der Meutereien seiner eigenen schwarzen Truppen oder des gelegentlichen Aufruhrs seiner gequälten „Bürger". Nunmehr Herr im eigenen Hause, konnte man sich daran machen, das gewonnene Land auszunutzen.

Während dessen zeigte sich die innere Politik des Staates geneigt, einen ungewöhnlichen und unheilvollen Verlauf zu nehmen. Ich habe bereits die Ansicht ausgesprochen, daß König Leopold im Anfange nicht der bewußten Heuchelei schuldig war, daß seine Absichten nebelhaftig philantropische waren und daß er nur allmählich zu den Tiefen sank, in denen wir ihn finden werden. Diese Ansicht erhält durch einige der früheren Erlasse des Staates Bestätigung. Im Jahre 1886 schloß eine lange sich auf die Ländereien der Eingeborenen beziehende Erklärung mit den folgenden Worten: „Verboten sind alle Handlungen oder Übereinkommen, welche geeignet sind, die Eingeborenen aus den von ihnen bewohnten Gebieten zu vertreiben, oder sie direkt oder indirekt ihrer Freiheit oder Existenzmittel zu berauben." Diese Worte stammen aus dem Jahre 1886. Vor dem Ende des Jahres 1887 war aber ein Gesetz veröffentlicht worden (wenn dasselbe auch nicht gleich in Kraft trat), welches genau die gegenteilige Wirkung erzielte. Durch dieses Gesetz wurden alle Ländereien, welche nicht tatsächlich von den Eingeborenen okkupiert waren, als Eigentum des Staates beansprucht. Man bedenke doch nur, was das heißt. In einem solchen Lande sind die Gebiete niemals tatsächlich von den Eingeborenen okkupiert, mit Ausnahme des unmittelbaren Bodens, auf dem ihre Dörfer stehen, und der dürftigen umliegenden Getreide- oder Manioc-Felder. Rings um diese winzigen Flecken dehnen sich die Ebenen und Wälder, welche die Wanderplätze ihrer Vorfahren gewesen waren und die alleinigen Gegenstände ihres Handels hervorbringen: Gummi, Farbholz, Copal, Elfenbein und Tierhäute. Mit einem einzigen Federzuge wurde in Brüssel alles von ihnen genommen, nicht allein das Land, sondern auch seine Produkte. Wie vermochten sie Handel zu treiben, wenn der Staat alles geraubt hatte, was sie anbieten konnten? Wie konnte der fremde Handelsmann Geschäfte machen, wenn der Staat alles an sich gerissen hatte, um selbst alles direkt in Europa zu eigenem Nutzen zu verkaufen ? Innerhalb zweier Jahre nach seiner Gründung durch den Berliner Vertrag hatte also derselbe Staat mit einer Hand das Erbteil der gleichen Eingeborenen beschlagnahmt, für deren „moralisches und materielles Wohl" er so besorgt gewesen, und hatte mit der anderen Hand die Klausel des Vertrages vernichtet, auf Grund welcher Monopole verboten und gleiche Handelsrechte für alle gewährt waren. Wie blind doch die Mächte sich erwiesen, daß sie nicht sahen, welche Art Kreatur sie geschaffen hatten, wie unbedacht, daß sie in diesen frühen Tagen nicht schleunige Vorkehrungen trafen, an den Ausgangspunkt zurückzukehren, um den Pfad der Loyalität und Gerechtigkeit wieder zu finden ! Im Angesichte des flagranten Bruches internationaler Vereinbarung würde ein ernstes Wort, eine entschlossene Handlung ganz Zentral-Afrika vor dem hereingebrochenen Schrecken gerettet und Belgien vor bleibender Schande geschützt haben. Es hätte Europa vor Verhältnissen bewahrt, die, wie mir scheint, das moralische Niveau aller Nationen erniedrigt haben, und deren Ende noch nicht gekommen ist. –

Nachdem man sich das Land und seine Produkte gesichert hatte, war der nächste Schritt, Arbeitskräfte zu beschaffen, mit Hilfe derer diese Produkte sicher eingeheimst werden konnten. In dieser Richtung wurde der erste definitive Schritt im Jahre 1888 getan. Mit charakteristischer, abscheulicher Heuchelei, die so vielen dieser Transaktionen den letzten Stempel aufdrückte, wurde damals ein Gesetz erlassen, das nach dem „Bulletin Officiel" dem „besonderen Schutz der Schwarzen" dienen sollte. Der wirkliche Schutz des Schwarzen in Handelsangelegenheiten würde selbstverständlicherweise in der Gewährung einer Löhnung bestanden haben, die ihn zur Verrichtung der Tagesarbeit hätte bewegen können und in der Gewährung des Rechtes, seine eigene Beschäftigung zu wählen, wie man es den Kaffern Süd-Afrikas oder irgendwo anders der eingeborenen Bevölkerung einräumt. Aber das erwähnte Gesetz verfolgte ganz andere Zwecke. Es gestattete die Auslieferung der Schwarzen für Zeitperioden von sieben Jahren an ihre Herren zum Zwecke einer Dienstleistung, die tatsächlich von Sklaverei nicht zu unterscheiden war. Da die Verhandlungen gewöhnlich mit dem „Capita", dem Aufseher, geführt wurden, so wurde der unglückliche, dienende Eingeborene von einer Hand in die andere überwiesen, ohne für sich Vorteile zu gewinnen und ohne eigentlich die Bedingungen seiner Knechtschaft zu kennen.

Auf Grund desselben Systems stellte der Staat auch seine Beamten an, einschließlich der Rekruten für die kleine Armee. Das Heer wurde aus einer Art Miliz ergänzt, die sich aus verschiedenen wilden Stämmen zusammensetzte, viele unter ihnen Kannibalen, aber alle fähig, jede Grausamkeit und Vergewaltigung zu verüben. August Boshart, ein Deutscher, hat uns in seiner Schrift: „Zehn Jahre afrikanischen Lebens" eine klare Vorstellung von der Art gegeben, wie diese Stämme rekrutiert werden und was das verlockende Wort „libéré" bedeutet, wenn es auf einen Staatsdiener Anwendung findet. Er sagt: „Irgend ein Distriktkommissar empfängt den Befehl, in einer gewissen Zeit eine gewisse Anzahl Leute herbeizuschaffen. Er setzt sich mit den Häuptlingen in Verbindung und ladet zu einer Konferenz in seiner Residenz. Gewöhnlich haben die Häuptlinge schon eine Ahnung von dem, was bevorsteht, und – wenn sie durch Erfahrung gewitzigt sind – machen sie aus der Not eine Tugend und stellen sich ein. In diesem Falle nehmen die Verhandlungen einen glatten Verlauf: jeder Häuptling verspricht, eine gewisse Zahl von Sklaven herbeizuschaffen und empfängt dafür Geschenke. Es mag aber sein, daß der eine oder andere der freundlichen Einladung keine Beachtung schenkt. Dann wird Krieg erklärt, seine Dörfer werden niedergebrannt, vielleicht werden einige seiner Leute erschossen und seine Speicher und Gärten werden geplündert. Auf diese Art wird der wilde König gar bald gezähmt, und er bittet um Frieden, der natürlich gewährt wird, jedoch unter der Bedingung, daß er die doppelte Zahl Sklaven liefert. Diese Leute werden nun in den Staatsbüchern als „libérés" bezeichnet. Um sie am Fortlaufen zu verhindern, werden sie in Eisen gelegt und bei der ersten Gelegenheit in eines der militärischen Lager gesandt, wo ihre Eisen abgenommen werden und ihre Einstellung in die Armee erfolgt. Der Distriktkommissar erhält für jeden diensttauglichen Rekruten vierzig Mark."

Nachdem König Leopold in der geschilderten Art von dem Lande Besitz ergriffen und sich die Arbeitskraft zur Ausbeutung verschafft hatte, traf er die weiteren Vorkehrungen, das Land aufzuschließen; jede einzelne derselben war wohl ausgedacht, um den erstrebten Zwecken zu dienen. Das große Hindernis für die Schiffahrt auf dem Congo bestand in den andauernden Stromschnellen, die den Fluß vom Stanley Pool an dreihundert englische Meilen weit bis Matadi an der Mündung unpassierbar machten. Jetzt wurde eine Gesellschaft gebildet, um das Kapital für eine Eisenbahn zwischen diesen beiden Punkten zusammenzubringen. Der Bau begann im Jahre 1888. Nach vielen finanziellen Schwierigkeiten wurde er im Jahre 1898 vollendet – ein Werk, das geistvoller Ingenieurkunst und ausdauernder Energie alle Ehre macht. Andere kommerzielle Gesellschaften, von denen noch die Rede sein wird, wurden gebildet, um große Landstrecken auszubeuten, die der Staat vorläufig noch nicht selbst in die Hand nehmen konnte. Kraft dieser Abmachungen lieferten die Gesellschaften das Kapital für die Erforschung, Bau von Stationen usw., während der Staat, das heißt der König einen bestimmten Teil, gewöhnlich die Hälfte der Aktien der Gesellschaft für sich behielt. Dieser Plan ist an und für sich nicht notwendigerweise ein unreiner und böswilliger; tatsächlich ähnelt er- sehr den Bedingungen, unter denen die Chartered Company of Rhodesia Rechte für Bergbau usw. gewährt. Der Jammer ergab sich vielmehr erst aus den Methoden, welche die Gesellschaften zur Ausführung ihrer Absichten anwandten, den gleichen vom Staate verwirklichten Methoden, nach deren Muster die kleineren Gesellschaften sich gestalteten.

König Leopold, der im Angesichte des großen in Afrika der Entwickelung harrenden Unternehmens die Schwäche seiner persönlichen Stellung fühlte, versuchte mittlerweile, Belgien als Staat in die Angelegenheit hineinzuziehen. Der Congo-Staat war bereits zum großen Teile das Resultat belgischer Arbeit und belgischen Geldes, aber theoretisch bestand keine Beziehung zwischen beiden Ländern. Jetzt wurde das belgische Parlament gewonnen, zehn Millionen Franks für die Zwecke des Congo-Staates zu leihen, und so ergab sich eine direkte Verbindung, die später zur Annexion führte. Zur Zeit dieser Anleihe verkündete König Leopold, daß er in seinem Testamente den Congo-Freistaat an Belgien vermacht habe. In diesem Dokumente heißt es: „Ein junger, ausgedehnter Staat hat unter der von Brüssel kommenden Leitung friedlich das Licht der Welt erblickt, dank der wohlwollenden Unterstützung der Mächte, die sein Erscheinen begrüßt haben. Einige Belgier verwalten den Staat, während andere, täglich zahlreicher, dort ihren Reichtum vermehren.“ – So hielt der König das Gold vor die Augen seiner europäischen Untertanen. Wahrlich, wenn König Leopold auch die anderen Mächte täuschte, so sparte er die größte aller Täuschungen für sein Land auf. In der belgischen Geschichte wird sich der Tag als ein dunkler erweisen, an dem man sich von der eigenen, ehrlichen, gesunden Entwickelung abwandte, um dem lockenden Congo-Trugbilde zu folgen und ohne vorher erworbene koloniale Erfahrungen ein Land zu verwalten, das sechzig mal so groß ist als Belgien.

Die Berliner Konferenz vom Jahre 1885 bezeichnet die erste internationale Beratung der Angelegenheiten des Congo. Die zweite fand in Brüssel 1889–90 statt. Wir sehen mit Erstaunen, daß nach diesen Jahren gesammelter Erfahrungen die Mächte immer noch bereit waren, die Erklärungen des König Leopold ohne weiteres vertrauensvoll so hinzunehmen, wie sie gegeben waren. Allerdings hatten keine der unheilvolleren Entwickelungen sich in der Öffentlichkeit vollzogen, aber die auf Arbeit und Handel bezügliche Gesetzgebung des Staates verriet bereits, welchen Lauf die Dinge nehmen würden, wenn nicht eine starke Hand dazwischen fuhr. Nur eine Macht, aber auch nur die eine, Holland, sah mit scharfem Blick die wahre Sachlage und war selbständig genug, ihrer Unzufriedenheit Ausdruck zu geben. Die Beratungen ergaben verschiedene philantropische Beschlüsse, mit denen man den jungen Staat in seinem Kampfe gegen den Sklavenhandel stärken wollte – denselben Sklavenhandel, den er bestimmt war, in seiner verächtlichsten Form wieder einzuführen. Die Ereignisse stehen uns zeitlich zu nahe, und wir sind mit ihnen in allzu schmerzlicher Weise verwachsen, als daß wir ihnen humoristische Seiten abgewinnen könnten. Aber wenn der

Geschichtsschreiber der Zukunft lesen wird, daß die Absicht des europäischen Konzertes war, „die Eingeborenen Afrikas wirksam zu beschützen“, dann wird er vielleicht nur mit Mühe ein Lächeln unterdrücken können. Dies war die letzte europäische Versammlung, die sich mit den Angelegenheiten des Congo beschäftigte. Daß doch die nächste Versammlung zu dem Zwecke berufen werden möchte, den Congo-Staat in seiner gegenwärtigen Beschaffenheit aufzulösen und Maßregeln für die getreue Ausführung der hohen Aufgaben zu treffen, von denen bisher immer gesprochen wurde, ohne daß man sie jemals verwirklichte.

Das wichtigste praktische Ergebnis der Brüsseler Konferenz war das Übereinkommen der Mächte, den neuen Staat seines Versprechens aus dem Jahre 1885, freie Häfen zu gewähren, zu entheben, und eine Steuer von zehn Prozent auf alle importierten Waren zu gestatten. Allerdings blieb das Gesetz zunächst zwei Jahre lang infolge des Widerspruchs von Holland in der Schwebe, aber die Tatsache seiner Annahme durch die anderen Mächte und das dem König Leopold erneuerte Mandat stärkte den jungen Staat in solchem Grade, daß er keine Schwierigkeiten fand, in Belgien eine neue Anleihe von fünfundzwanzig Millionen Franks zu erheben, unter der Bedingung, daß nach Verlauf von zehn Jahren Belgien das Recht haben solle, das Congo-Gebiet als Kolonie zu übernehmen.

Hätte man in den Jahren, welche der Brüsseler Konferenz von 1890 bis 1894 folgten, aus der Vogelperspektive den ungeheuren Strom sehen können, der mit seinen Nebenarmen sich fächerartig durch das ganze Zentral-Afrika windet, so würde man in allen Richtungen die Anzeichen europäischer Tätigkeit bemerkt haben. Am niederen Congo würde man Scharen der Eingeborenen erblickt haben, die zum Frohndienste gezwungen, von schwarzen Soldaten bewacht, an der Eisenbahn arbeiteten. In Matadi und Leopoldsville, den beiden Endpunkten der projektierten Linie, würde man Städte gesehen haben, die aus dem Bod hervorwuchsen mit Stationen, Werften und öffentlichen Gebäuden. Im äußersten Südosten dagegen erforschte und annektierte eine Expedition unter Stairs das große Gebiet von Katanga, welches an Nord-Rhodesia angrenzt. Im feinsten Nordosten und an der ganzen östlichen Grenze entlang fochten kleine militärische Expeditionen gegen rebellische Schwarze oder arabische Eindringlinge. Und überall am Flusse entlang wurden zum Zwecke der Entwickelung des Handels militärische Posten und Stationen errichtet – einige durch den Staat und andere durch die verschiedenen konzessionierten Gesellschaften.

Mittlerweile zog der Staat seine Netze dichter um die Produkte des Landes und baute das System weiter aus, das in naher Zukunft so gräßliche Resultate zeitigen sollte. Die unabhängigen Händler – Belgier, Holländer, Engländer und Franzosen – wurden erst entmutigt, dann vernichtet. Einige der lautesten Proteste gegen die neue Ordnung können belgischen Quellen entnommen werden. In frecher Mißachtung des Vertrages von Berlin proklamierte sich der Staat als der einzige Landbesitzer und einzige Händler. In einigen Fällen betrieb er die Verwaltung seines sogenannten Besitzes allein, in anderen Fällen verpachtete er dieselbe. Sogar diejenigen, die sich in den früheren Stadien des Unternehmens bemüht hatten, dem König Leopold zu helfen, wurden über Bord geworfen. Major Parminter, der selbst im Congo-Gebiet Handel trieb, faßte die Verhältnisse im Jahre 1902 folgendermaßen zusammen: „Die Anwendung der neuen Bestimmungen der Regierung bedeutet folgendes: Der Staat betrachtet das ganze Congo-Gebiet mit alleiniger Ausnahme der Dörfer der Eingeborenen und der dazu gehörigen Gärten als sein Privateigentum; alle Produkte dieses immensen Gebietes sind gleichfalls sein Privateigentum und er monopolisiert den Handel. Was die ursprünglichen Besitzer, d. h. die eingeborenen Stämme betrifft, so werden sie enteignet auf Grund eines einfachen Zirkulars. In gnädiger Weise wird ihnen das Sammeln der Produkte gestattet, jedoch nur unter der Bedingung, daß sie dieselben dem Staate für einen Preis überliefern, den wiederum der Staat nach eigenem Gutdünken bestimmt. Was aber die fremdländischen Händler betrifft, so sind sie einfach im ganzen Gebiete von dem Handel mit den Eingeborenen ausgeschlossen." Überall bestanden strenge Befehle für die Eingeborenen, daß es ihnen nicht erlaubt sei, die Produkte ihrer eigenen Wälder für sich zu sammeln. Ferner für die unabhängigen Händler, daß sie keinerlei Waren von den Eingeborenen kaufen durften. Im Januar 1892 schrieb Distrikt-Kommissar Baert: „Die Eingeborenen des Distriktes Ubangi-Welle sind nicht berechtigt, Gummi zu sammeln. Sie sind benachrichtigt worden, daß ihnen die Erlaubnis hierzu nur unter der Bedingung gewährt werden kann, daß sie die Produkte ausschließlich dem Staate ausliefern." Kapitän Le Marinel äußert sich ein wenig später noch deutlicher folgendermaßen: „Ich habe beschlossen, die Rechte des Staates über seine Domäne rücksichtslos zur Ausführung zu bringen und ich kann deshalb nicht erlauben, daß die Eingeborenen irgend einen Teil des Gummis oder Elfenbeins, der in der Domäne hervorgebracht wird, zu eigenem Nutzen ausbeuten oder an andere verkaufen. Händler, welche solche Früchte von den Eingeborenen kaufen oder zu kaufen versuchen (Früchte, die von den Eingeborenen nur mit Erlaubnis des Staates und unter der

Bedingung gesammelt werden dürfen, daß sie dem Staate ausgeliefert werden) machen sich meiner Ansicht nach des Empfanges gestohlener Güter schuldig, und ich werde sie zum Zwecke der Strafverfolgung den gerichtlichen Behörden zur Anzeige bringen."

Der Anblick dieser winzigen Beamten, die im klaren Gegensatze zu dem ausgesprochenen Willen der Mächte Proklamationen erließen, mag damals ein lächerlicher gewesen sein; aber die Geschichte der nächsten siebzehn Jahre sollte beweisen, daß eine kleine böswillige, von Habgier geleitete Gewalt sich stärker erweisen mag, als allgemeine und vage Philanthropie, die nur an guten Absichten und unbestimmten Sentimenten reich ist. Welche Empörung die Händler auch immer über die ihnen auferlegten Beschränkungen empfunden haben mögen, so betrafen doch die einzigen Nachrichten, die zwischen den Jahren 1890 und 1895 aus dem Congo-Freistaat in die allgemeine Öffentlichkeit drangen, nur die Gründung neuer Stationen. So herrschte die Ansicht, daß König Leopolds Unternehmen in der Tat sich auf den menschenfreundlichen Bahnen bewegte, die man ursprünglich beabsichtigt hatte. Dann aber gewährten einige Ereignisse den ersten Blick in die Anarchie und Gewalttätigkeit, die in Wirklichkeit vorherrschte.

Soweit Großbritannien betroffen war, handelte es sich zunächst um die Erfahrungen der Eingeborenen von Sierra Leone, Lagos und anderen britischen Niederlassungen, die von den Belgiern verleitet worden waren, nach dem Congo-Land zu kommen und dort bei der Herstellung von Eisenbahnen und anderen Arbeiten Hilfe zu leisten. Diese Eingeborenen, die an die geordneten Verhältnisse ihrer britischen Kolonien gewöhnt waren, klagten laut, als sie an der Seite der zum Frohndienst gezwungenen Congolesen und unter Aufsicht der bewaffneten Posten der „Force Publique" arbeiten mußten. Sie waren unzufrieden und ihre Unzufriedenheit wurde mit körperlicher Züchtigung bestraft. Die Angelegenheit nahm den Umfang eines öffentlichen Skandals an.

In Beantwortung einer Frage sagte Herr Chamberlain als Kolonialminister im Unterhause am 12. März 1896, von diesen britischen Untertanen seien Klagen eingelaufen, daß sie ohne ihre Zustimmung militärischen Dienst leisten müßten, daß sie in grausamer Weise gezüchtigt worden seien und daß sogar Hinrichtungen vorgenommen worden seien. Herr Chamberlain fügte hinzu: „Sie sind mit der Kenntnis des Vertreters Ihrer Majestät engagiert worden, und jede mögliche Vorsicht wurde in ihrem Interesse beobachtet, jedoch ist infolge dieser Klagen die weitere Verdingung von Arbeitskraft für den Congo verboten worden."

Dieses von Großbritannien ausgegangene Verbot war das erste öffentliche und nationale Zeichen der Mißbilligung der am Congo angewandten Methoden. Wenige Jahre später wurde diese Mißbilligung noch schärfer ausgedrückt, als die italienische Regierung ihren Offizieren verbot, in den Congo-Truppen militärische Dienste zu nehmen.

In den ersten Monaten des Jahres 1895 erregte der Fall Stokes die öffentliche Meinung in England wie in Deutschland. Charles Henry Stokes war Engländer von Geburt, residierte aber in Deutsch-Ost-Afrika, besaß einen deutschen Orden für seine Verdienste um die deutsche Kolonisation und leitete seine Handelskarawanen von deutscher Basis aus, indem er ostafrikanische Eingeborene als Träger benutzte. Als er einmal wieder eine solche Karawane über die Grenze des Congo-Staates geführt hatte, wurde er von Kapitän Lothaire, der einige kongolesische Truppen kommandierte, verhaftet. Der unglückliche Stokes mag sich wohl als Untertan einer großen Macht und Agent einer anderen für sicher gehalten haben. Unter der Anklage, den Eingeborenen Flinten verkauft zu haben, wurde er jedoch sofort in gänzlich unformeller Weise verhört, verurteilt und am nächsten Morgen gehängt. Als Kapitän Lothaire seinen Vorgesetzten von dem Vorgefallenen berichtete, drückten diese ihm ihre Billigung aus, indem sie ihn zum hohen Range des „Commissaire-Général" erhoben.

Die Nachricht von dieser Tragödie erregte ebenso großen Unwillen in Berlin wie in London. Im Angesichte desselben mußten die Vertreter des Congo-Freistaates in Brüssel (d. h. die Agenten des Königs) die völlige Ungesetzlichkeit des ganzen Verfahrens zugestehen und konnten nur die Entschuldigung vorbringen, daß Lothaire „bona fide" gehandelt habe, ohne persönliche Motive. Die Gültigkeit dieser Entschuldigung ist jedoch durchaus nicht sicher, denn, wie Baron von Marschall dem Britischen Botschafter in Berlin erklärte, war Stokes bekannt als erfolgreicher Elfenbeinhändler, der seine Waren auf dem ! östlichen Wege exportierte und so die Beamten der Congo-Regierung um eine Kommission von zehn Prozent brachte, die ihnen bei dem Exporte auf der westlichen Route zugefallen wäre. „Dies war der Grund", fuhr der Bericht in den Worten des deutschen Staatsmannes fort, „daß man den Stokes bei Seite geschafft hat, und nicht, weil er angeblich Waffen an die Araber verkaufte. Sein Tod ist in der Tat nicht ein Akt der Gerechtigkeit, sondern das Werk kommerzieller Erwägungen. Nichts mehr und nichts weniger."

So lautete die Ansicht über die Lage auf deutscher Seite. Ob sie nun berechtigt war oder nicht – über die Ungesetzlichkeit der Maßnahmen konnten verschiedene Meinungen nicht bestehen. Unter dem von England ausgeübten Drucke wurde Lothaire in Boma vor das Gericht gestellt, aber freigesprochen. Auf abermaliges Drängen Englands wurde die gerichtliche Untersuchung in Brüssel wieder aufgenommen. Der die Anklage vertretende Staatsanwalt hielt es jedoch mit seiner Pflicht für vereinbar, die Freisprechung selbst zu beantragen, und somit endete die Anklage in einem Fiasko. Und hier erlaubte man der Angelegenheit zu ruhen. Ein Blaubuch von 188 Seiten ist das letzte Denkmal, das man Charles Henry Stokes setzte, und sein Henker kehrte zu hohem Amte in den Congo-Staat zurück, um seinen Namen in den Berichten über die gewalttätigen Maßnahmen, welche die Geschichte dieses unglücklichen Landes ausmachen, bald wieder erscheinen zu lassen. Er wurde zum Direktor der Antwerpener Gesellschaft für den Handel des Congo-Staates ernannt, eine Anstellung, für welche König Leopold die Verantwortung trug. Er leitete die Geschäfte dieser Gesellschaft, bis er in die Mongalla-Massacres verwickelt wurde, von denen später noch mehr gesagt werden wird.

Wir mußten über den Fall Stokes berichten, weil er der Geschichte angehört, jedoch liegt mir nichts ferner, als dabei an die nationale Eigenliebe der Engländer appellieren zu wollen. Es war ein bloßer Zufall, daß Stokes der englischen Nationalität angehörte; das an ihm begangene Verbrechen wäre gleich groß gewesen, hätte er sich zu irgend einer anderen Nationalität bekannt. Die Sache, für die ich eintrete, ist zu groß, zu weittragend und zu erhaben, als daß sie sich auf andere Rücksichten stützen könnte, als solche, die an die ganze Menschheit appellieren. Ich werde einen Fall beschreiben, der sich einige Jahre später ereignete und beweist, daß auch andere Nationalitäten in Mitleidenschaft gezogen wurden. Der Engländer Stokes ist getötet worden und sein Tod wurde, wie einige Beschöniger der Congo-Verhältnisse behaupten, dadurch verschuldet, daß er nach dem summarischen Verfahren nicht seine Absicht kund gab, sofort an den höheren Gerichtshof von Boma appellieren zu wollen. Der Österreicher Rabinek jedoch, das Opfer ähnlicher Maßregeln, vollzog diesen Appell an das höhere Gericht zu Boma, und es ist interessant zu sehen, welche Vorteile er erzielte.

Rabinek war, wie gesagt, ein Österreicher, und zwar kam er aus Olmütz; er besaß eine freundliche und liebenswürdige Natur, war bei allen, die ihn kannten, beliebt, und zeichnete sich, wie mehrere bezeugten, durch seine gerechte und freundliche Behandlung der Eingeborenen aus. Seit einigen Jahren hatte er mit den Leuten von Katanga Handel getrieben, im südöstlichen Teile des Congo-Staates, an der Grenze von Britisch-Zentral-Afrika. Die Eingeborenen hatten sich zur Zeit gegen die Belgier empört und standen unter Waffen, aber Rabinek genoß bei ihnen so großes Ansehen, daß er trotzdem auf Grund einer von der Katanga-Gesellschaft gewährten Konzession seinen Handel in Elfenbein und Gummi fortführen konnte.

Kurz nachdem ihm diese Erlaubnis, für die er eine beträchtliche Summe gezahlt hatte, gewährt worden, wurden in der Organisation der Gesellschaft gewisse Veränderungen vorgenommen, so daß der Staat sich einen kontrollierenden Einfluß sicherte. An Stelle von M. Lévêque, durch den im Namen der ursprünglichen Gesellschaft die Konzessionen verkauft worden waren, erschien ein neuer Verwalter auf der Bildfläche, der das neue Regime vertrat. Dieser neue Machthaber war eifrig darauf bedacht, den ganzen Handel des Landes in den Händen der konzessionierten Gesellschaft zu vereinigen, die kraft des eingeführten, aber vom internationalen Standpunkte aus ungesetzlichen Gebrauches tatsächlich die Regierung bedeutete. Der erste Schritt zur Verwirklichung solchen Vorhabens war offenbar die Vernichtung eines so wohlbekannten und erfolgreichen Händlers wie Rabinek. Trotz seiner Konzession wurde deshalb gegen ihn eine Anklage wegen ungesetzlichen Handels mit Gummi zurechtgebraut – eine Anklage, die, selbst wenn Rabinek keine Erlaubnis gehabt hätte, an und für sich ein Unding war, da ja doch der Vertrag von Berlin völlige Handelsfreiheit garantiert hatte. Der junge Österreicher konnte sich nicht dazu entschließen, die Sache ernst zu nehmen. Seine vorhandenen Briefe beweisen, daß er die ganze Anklage als viel zu widersinnig betrachtete, um sich ihretwegen Sorgen zu machen. Aber bald und allzu spät wurde ihm das Verständnis dafür beigebracht, mit welcher Art von Leuten und Organisation er zu tun hatte. Seine Handelskonkurrenten saßen über ihn zu Gericht. Das gegen ihn vorgebrachte Vergehen konnte mit der Maximalstrafe von einem Monat Gefängnis geahndet werden. Aber solche Strafe hätte nicht dem Zwecke gedient. Der neue Verwalter als Vorsitzender des Kriegsgerichtes verurteilte den Gefangenen nach einer Verhandlung von vierzig Minuten zu einem Jahre Gefängnis. Später hat man den Versuch gemacht, dieses ungeheuerliche Urteil mit der Versicherung zu rechtfertigen, das eigentliche von dem Gerichte bestrafte und von Rabinek begangene Verbrechen habe in dem Verkaufe von Waffen an die Eingeborenen bestanden. Tatsächlich jedoch läßt sich aus dem noch existierenden Protokolle der Gerichtsverhandlungen beweisen, daß damals von einem derartigen Verbrechen überhaupt nicht die Rede gewesen ist. Erklärlicherweise appellierte Rabinek gegen ein solches Urteil, jedoch hätte er weiser gehandelt, sich demselben ohne Umstände zu unterwerfen. Dann wäre er vielleicht wenigstens mit seinem Leben davongekommen. Aber ein Appell bedeutete das Verhängnis. „Er wird eine so nette, kleine Reise antreten", sagte einer der Beamten, „daß er niemals wieder so handeln und anderen als warnendes Beispiel dienen wird." Die fragliche Reise ging nämlich über zweitausend Meilen, welche zwischen Katanga und dem Appellationsgerichte zu Boma liegen. Den ganzen Weg sollte er unter der ausschließlichen Eskorte von schwarzen Soldaten machen, die ihre besonderen Instruktionen hatten. Der unglückliche Mann wußte, daß er seinen Bestimmungsort niemals lebendig erreichen würde. „Gerüchte besagen", so schrieb er an seine Verwandten, „daß gefangene Europäer vergiftet werden. Wenn ich also ohne weiteres verschwinde, so könnt Ihr Euch denken, was aus mir geworden ist." Nur noch zwei jammervolle Briefe, in denen er die Beamten um Beschleunigung seiner Reise bittet, gaben von ihm Lebenszeichen. Wie er vorausgesehen, starb er unterwegs und wurde schleunigst am Wege verscharrt, obgleich ein Transport von nur zwei Stunden ihn nach Leopoldsville gebracht haben würde. Dieser gräßliche Vorgang hat dadurch womöglich ein noch schwärzeres Ansehen erhalten, daß man versucht hat, der Welt einzureden, Rabinek habe seinen Tod durch seine Gewohnheit, Morphium zu nehmen, selbst verschuldet. Diese Behauptung wurde von vier glaubwürdigen Zeugen zurückgewiesen, vor allem aber durch die Tatsache, daß Rabinek durch seine überaus kraftvolle Tätigkeit und Energie einer der hervorragendsten Händler Zentral-Afrikas werden konnte – viel zu hervorragend, als daß man ihm den offenen Wettbewerb mit dem ungeheuren kommerziellen Monopole des Königs Leopold gestatten konnte. Um dem Vorfalle schließlich noch die Krone aufzusetzen, raubten dieselben Leute, die ihn in den Tod getrieben hatten, seine ganze Karawane und Ausrüstung im Werte von etwa fünfzehntausend Pfund. Seine Verwandten und Gläubiger haben den neuesten Berichten zufolge keinen Pfennig von dieser großen Summe erhalten. Man macht sich also nicht der Übertreibung schuldig, wenn man behauptet, daß Gustav Maria Rabinek vom Congo-Freistaat ermordet und beraubt worden ist.

Nachdem ich an diesen beiden Beispielen gezeigt habe, welche Handlungsweise der Congo-Freistaat gegen Bürger europäischer Staaten gewagt hat, werde ich jetzt fortfahren, in chronologischer Ordnung einige Tatsachen über die Beziehungen dieses Staates zu seinen untergebenen Stämmen zu berichten, für deren moralisches und materielles Wohlergehen wir mit anderen europäischen Mächten die Verantwortung übernommen haben. Für jeden von mir angeführten Fall könnten hundert weitere erwiesene und notorische Fälle beigebracht werden. Für jeden bekannten Fall haben sich zehntausend andere ereignet, von denen die Kunde niemals nach Europa drang. Man muß die ungeheure Ausdehnung des Landes bedenken, in dem sich nur wenige Konsuls und Missionare aufhalten, die allein derartige Dinge berichten würden. Und ferner muß man in Betracht ziehen, daß jeder Beamte des Congo-Staates eidlich verpflichtet ist, Stillschweigen zu bewahren – zur Zeit seiner Amtsführung und nach derselben. Und schließlich kommt hinzu, daß die Gegenwart des Missionars und Konsuls verhindernd einwirkt und daß in den ungeheuren Strecken, in welchen sie beide nicht vorhanden sind, der Regierungsagent sich ungestört austoben kann. Wenn man alle diese Umstände bedenkt, so wird es klar, daß die gräßlichen, zu unserer Kenntnis gekommenen Tatsachen nur eine Spur der Sintflut von Gewalttätigkeit und Ungerechtigkeit vorstellen, die der Jesuitenvater Vermeersch mit den zwei Worten bezeichnet hat: „Unermeßlicher Jammer!“

III. Wie das System zur Ausführung gelangte

Nachdem der Staat, d. h. der König, wie wir gesehen haben, das ganze Land mit seinen gesamten Produkten für sich in Anspruch genommen hatte, war sein nächster Schritt die Einführung eines Systems, vermittels dessen die Produkte möglichst schnell und billig gesammelt werden konnten. Dasselbe lief darauf hinaus, daß die enteigneten und ironischerweise „Bürger" genannten Eingeborenen gezwungen wurden, zum Nutzen des Staates die ihnen geraubten Produkte zu sammeln. Diesem Zwecke dienten zwei Mittel: Erstens Besteuerung, durch welche eine willkürliche Auflage (die dauernd wuchs, bis sie fast das ganze Leben der Eingeborenen in den Frohndienst stellte) ohne irgend welche Entschädigung verlangt wurde. Das andere Mittel war sogenannter „Tauschhandel", der darin bestand, daß man den Eingeborenen für ihre Waren nach eigenem Gutdünken willkürliche Preise bezahlte und zwar in der vom Staate selbst gewählten Tauschform, da eine Konkurrenz durch andere Händler nicht gestattet wurde. Diese „Entschädigung", lächerlich gering an und für sich, nahm auch die unsinnigsten Gestalten an; die Eingeborenen wurden gezwungen, sich unter allen Umständen zufrieden zu geben. Konsul Thesiger sagte in einer Beschreibung dieses sogenannten Tauschhandels im Jahre 1908: „Man verteilt die Waren, indem man dem einen Mann einen Hut, dem anderen eine eiserne Hacke gibt usw. Jeder Empfänger ist dann nach einem Monate für die Ablieferung einer gewissen Quantität Gummi verantwortlich. Keine Wahl der Tauschgegenstände ist gestattet, ebensowenig wie Zurückweisung derselben. Wagt jemand einen Einwand, so wird der Gegenstand vor seiner Türe niedergeworfen, und ob er ihn aufnimmt oder nicht, der Mann muß am Ende des Monats die Quantität Gummi abliefern. Die Gesamtmenge desselben wird immer so hoch angesetzt, wie sie von den Eingeborenen nur irgend beigeschafft werden kann."

Ist es nicht klar, daß Eingeborene, besonders solche, die nach Stanleys Urteil merkwürdige Fähigkeiten für den Handel besaßen, sich unter solchen Bedingungen weigern mußten, überhaupt Handel zu treiben? Aber deswegen gerade griff das „System" ein, dessen zweitausend weiße Agenten über den ganzen Freistaat verstreut saßen. Einzeln oder zu zweien wurden sie in den zentraler gelegenen Punkten stationiert, und jedem wurde ein Gebiet mit mehreren Ortschaften zugewiesen, hauptsächlich um das wertvollste Erzeugnis, den Gummi einzusammeln. Viele von ihnen waren schon in Europa moralisch minderwertig; sie alle wurden jämmerlich bezahlt, denn sie erhielten zwischen 150 und 300 Franken im Monat. Aber sie konnten ihr Gehalt durch eine Kommission an der Höhe des gelieferten Gummi aufbessern. Wenn sie also große Vorräte zusammenbrachten, so bedeutete dies für sie vergrößerte Geldbezüge, offizielle Belohnung, frühere Rückkehr nach Europa und gute Aussichten auf Beförderung. Im anderen Falle stand Armut, behördlicher, harter Tadel, wenn nicht Degradation vor ihrer Türe. Man könnte kein wirksameres System erdenken, um Leute in Versuchung zu treiben, unter allen Umständen Erfolge zu erzielen. Es fällt jedoch nicht ausschließlich den Belgiern zur Last, daß sie sich durch derartige Lebensbedingungen demoralisieren ließen, denn auch andere Nationalitäten waren in den Reihen der Agenten vertreten. Engländer, Amerikaner oder Deutsche hätten in einem tropischen Lande derartigen Versuchungen wohl auch nicht widerstehen können.

Welche weiteren Maßregeln beabsichtigte nun das „System", nachdem die zweitausend Agenten an ihren Posten festsaßen, begierig, das Einsammeln des Gummi von den unwilligen Eingeborenen zu erzwingen? Die Maßregeln waren ebenso wirksam wie teuflisch. Jedem Agenten wurde die Macht über eine Anzahl Eingeborener gegeben, die zwar wilden Stämmen angehörten, aber mit Feuerwaffen ausgerüstet wurden. Ein oder zwei dieser Bewaffneten wurden in den Dörfern untergebracht, um darüber zu wachen, daß die Einwohner die ihnen gestellten Aufgaben erfüllten. Dies sind die Leute, die in den Berichten „Capitas" oder „Aufseher" genannt werden, und tatsächlich, wenn auch nicht moralisch, für so manches schreckliche Verbrechen verantwortlich sind. Wie ein böser Traum lag die Anwesenheit dieses Barbaren in ihrer Mitte auf den Dorfbewohnern. Tag und Nacht saß er ihnen auf den Fersen. Er verlangte nach Palmwein. Er verlangte nach Frauen. Er schlug, verstümmelte, erschoß sie nach Belieben. Er zwang sie zur Brandstiftung, um sich an dem Anblick zu ergötzen. Manchmal ermannten sie sich dazu, ihn zu töten. Die belgische Kommission berichtet, daß in einem einzigen Distrikt in einem Zeitraum von sieben Monaten 142 Capitas ermordet wurden. Dann folgte die Strafexpedition und die Vernichtung der ganzen Gemeinschaft. Je größeres Grauen der Capita einflößte, desto nützlicher war er. desto williger gehorchten ihm die Dorfbewohner und desto reicherer Ertrag an Gummi wurde dem Agenten überliefert.

Wenn der Ertrag aber zurückging, so gab man dem Capita selbst etwas von den körperlichen Schmerzen zu kosten, die er anderen auferlegte. Oft übertraf der weiße Agent bei weitem an Grausamkeit den in seinen Diensten stehenden Barbaren. Oft schob der Weiße den Schwarzen bei Seite, um selbst als Folterer und Henker zu fungieren. Gewöhnlich jedoch bestand das geschilderte Verhältnis: die Gräßlichkeiten wurden von den Capitas mit Bewilligung und oft in Gegenwart ihrer weißen Auftraggeber verübt.

Man kann natürlich nicht behaupten, daß alle diese Agenten gleich erbarmungslos waren, und daß nicht manche unter ihnen von dem Zwiespalte gequält wurden, der zwischen ihrer Gier nach Reichtum und Beförderung einerseits und ihrem Grauen vor ihrer täglichen Aufgabe andererseits bestand. Zwei hierauf bezügliche Briefe des Leutnants Tilkens lauten, wie Mr. Vanderfelde während der Debatte in der belgischen Kammer mitteilte, im Auszuge folgendermaßen: „Der Dampfer v. d. Kerkhove kommt den Nil herauf. Er wird die kolossale Zahl von 1500 Trägern verlangen. Unglückliche Schwarze! Ich kann gar nicht an sie denken! Ich frage mich, wie ich eine so große Zahl auftreiben kann. Wären die Wege passierbar, so würde das einen Unterschied machen. Aber sie sind kaum von Sümpfen befreit, und viele werden in ihnen ihren Tod finden. Hunger und Erschöpfung wird während des achttägigen Marsches vielen anderen außerdem den Garaus machen. Wieviel Blut wird wegen dieses Transportes fließen müssen! Schon habe ich dreimal die Hauptleute mit Krieg überziehen müssen, die nicht an dieser Arbeit teilnehmen wollen. Die Leute ziehen vor, im Walde zu sterben, als auf diese Art zugrunde zu gehen. Wenn ein Häuptling sich weigert, so bedeutet das Krieg – und welch einen schrecklichen Krieg: vollendet gute Feuerwaffen gegen Speer und Lanze! Ein Häuptling hat mich soeben mit der Klage verlassen: ‚Mein Dorf ist zerstört; meine Frauen sind getötet!‘ Aber was kann ich denn tun? Ich bin oft gezwungen, diese unglücklichen Häuptlinge so lange in Ketten zu legen, bis sie für mich ein- oder zweihundert Träger sammeln. Sehr oft finden meine Soldaten die Dörfer leer: dann greifen sie die Frauen und Kinder!“

Leutnant Tilkens schrieb an seine Mutter: „Kommandant Verstraeten besuchte meine Station und beglückwünschte mich sehr warm. Er sagte, sein Bericht werde von der Quantität Gummi abhängen, die ich beizuschaffen imstande wäre. Meine Quantität wuchs von 360 kg im September auf 1500 im Oktober, und vom Januar an wird sie 4.000 pro Monat betragen, wodurch ich einen monatlichen Zuschuß von 500 Franks zu meinem Gehalte verdiene. Bin ich nicht ein glücklicher Mensch? Und wenn ich so weiter fortfahre, so werde ich innerhalb zweier Jahre einen Zuschuß von 12.000 Franks erreichen."

Aber ein Jahr später schreibt er an Major Leußens in ganz anderer Tonart:

„Ich sehe eine allgemeine Empörung voraus. Ich glaube, daß ich Sie bereits in meinem letzten Briefe gewarnt habe. Die Ursachen sind immer dieselben. Die Eingeborenen sind des ‚Regimes' müde – der Trägerarbeit, des Einsammelns von Gummi, der Beschaffung und Stapelung von Nahrungsmitteln für Weiße und Schwarze. Wieder mußte ich drei Monate lang kämpfen mit nur zehntägiger Ruhepause. Ich habe 152 Gefangene. Zwei Jahre lang habe ich jetzt in dieser Gegend Krieg geführt. Trotzdem kann ich nicht sagen, daß ich die Leute zur Unterwerfung gezwungen habe. Sie ziehen vor, zu sterben. Was kann ich tun? Man bezahlt mich für meine Arbeit. Ich bin ein Werkzeug in den Händen meiner Vorgesetzten und führe ihre Befehle aus, wie es die Disziplin verlangt."

Wir wollen jetzt die Kette der Ereignisse kurz überblicken, die eine derartige Lage nicht nur möglich machen, sondern unvermeidlich heraufbeschwören mußten. Das ganze Staatswesen wird nur in der einen Absicht geleitet, Gewinn abzuwerfen. Zu diesem Zwecke wird alles Land mit seinen Produkten in Beschlag genommen. Wie können jetzt die Erzeugnisse gesammelt werden? Nur mit Hilfe der Eingeborenen. Aber wenn die Eingeborenen sammeln, muß ihnen Geld bezahlt werden, oder sie verweigern die Arbeit. Dadurch würden die Einnahmen wesentlich vermindert werden. Also müssen sie zur Arbeit gezwungen werden. Aber für diesen Zweck ist die Zahl der Agenten eine zu geringe. Also müssen Subagenten angestellt werden und zwar solche, die Grauen und Schrecken unter der Einwohnerschaft verbreiten. Zu diesem Zwecke müssen die Subagenten selber in den Dörfern wohnen. Also wird jedem Dorfe sein Capita zugewiesen. Ist es nicht klar, daß diese verschiedenen Maßregeln nicht etwa zufällige Begleiterscheinungen, sondern absolut notwendige Folgen des ursprünglichen Planes sind? Sobald man einmal das Land konfisziert, ergibt sich alles übrige als logische Konsequenz. Aus diesem Grunde ist die Annahme, daß Reformen von irgend welchem Nutzen sein können, eine ganz verkehrte. Ehe nicht der unbeschränkte freie Handel, wie er in jeder deutschen oder englischen Kolonie besteht, bedingungslos wieder hergestellt wird, kann die Möglichkeit gar nicht in Betracht kommen, daß irgend welche auch noch so umfangreiche Versprechungen oder zu Papier gebrachte Befehle die Lage bessern können. Würde man aber den Handel auf seine natürliche Basis stellen, dann müßten die gegenwärtigen Besitzer des Congolandes viele Jahre hindurch, anstatt sich ihre Dividenden zu teilen, jährlich mindestens eine Million Pfund auf die Verwaltung des Landes verwenden, ebenso wie England beinahe eine halbe Million Pfund für die Verwaltung des benachbarten Gebietes von Nigeria anlegt. In dieser Tatsache wurzelt die ganze Frage.

Und noch einen Punkt wollen wir erörtern, ehe wir zur Aufzählung der einzelnen Tatsachen schreiten. Wen trifft die Verantwortung für diese blutigen Taten, diese tausende von kaltblütigen Morden? Etwa den Capita? Er war ein Kannibale und Raufbold. Wenn er nicht Entsetzen um sich verbreitete, so wurde er selbst von dem Agenten bestraft. War also der Agent der Schuldige? Sein Menschentum war degradiert, aber, wie ich bereits gesagt habe, unter diesen Bedingungen und in einem tropischen Lande hätte kein Mensch dienen können, ohne sich zu degradieren. Durch das andauernde Hetzen seiner Vorgesetzten wurde er in das Verbrechen hineingetrieben. War also der Distriktkommissar der Schuldige? Er hatte sich zu einem verantwortungsvollen und wohlbezahlten Amt emporgeschwungen, dessen er verlustig gegangen wäre, hätte die Quantität der Erzeugnisse seines Distriktes abgenommen. Also der Generalgouverneur in Boma? Gewiß, er war ein Mann mit hartschaligem Gewissen, aber auch für ihn sind Milderungsgründe vorhanden. Er hatte seine bestimmten Befehle mit bestimmten Zielen aus der Heimat, die er verpflichtet war, durchzuführen. Nur ein Mann mit außergewöhnlichem Charakter würde seine hohe Stellung fortgeworfen, seine Laufbahn geopfert und sich geweigert haben, das nichtswürdige System auszuführen, das ausgeheckt worden, ehe er selbst einen Platz darin gefunden. Wo also lag die Schuld? In Brüssel saßen ein halbes Dutzend Beamte, eigentliche Landvögte, die bezahlt wurden, um Eigentum nach bestimmten ihnen gegebenen Vorschriften zu verwalten. Wenn man diese Kette verfolgt, von dem bluttriefenden Wilden zum geplagten, unter dem Fieber leidenden Agenten, dann zum pompösen Kommissar, zum würdevollen Generalgouverneur und zum aalglatten Diplomaten, so stößt man zuletzt ohne fehlendes Glied und ohne die Möglichkeit mildernder Umstände und Entschuldigungen auf den kalt berechnenden Verstand, der den Plan ausheckte, die Maschine organisierte und die treibende Kraft derselben war. Der König trägt die Schuld und nur der König. Er schuf den Plan mit vollem Bewußtsein der notwendigen Konsequenzen. Und dieselben stellten sich ein. Der König hielt sich wohl unterrichtet. Immer und immer wieder wurde seine Aufmerksamkeit auf diese Folgen gelenkt. Ein Wort von ihm würde die

Verhältnisse geändert haben. Aber dieses Wort hat er nie gesprochen. Keine Ausrede ist möglich, durch welche die moralische Verschuldung von dem Oberhaupte des Staates abgewälzt werden könnte, von dem Manne, der nach Afrika ging, „um über die Freiheit des Handels und die Neubelebung der Eingeborenen zu wachen."

IV. Die ersten Früchte des Systems

Als erstes Zeugnis werde ich die Aussagen des Herrn Glave anführen, welche die Jahre 1883 bis zu seinem 1885 erfolgten Tode decken. Herr Glave war ein junger Engländer, der sechs Jahre lang im Dienste des Staates gestanden hatte und dessen Charakter und Leistungen von Stanley warm empfohlen wurden. Vier Jahre nach dem Ablauf seiner Anstellung durchquerte er als unabhängiger Reisender das ganze Land, von Taganyika im Osten bis Matadi in der Nähe des Flusses, eine Entfernung von 2.000 englischen Meilen. . Das „System" der Agenten und die Eintreibung des Gummi war noch in seinen Anfängen, aber trotzdem bemerkte Glave überall die Beweise der Gewalttätigkeit und Mißachtung des Menschenlebens, die bald so großen Umfang annehmen sollten. Dabei war er selber ein Mitarbeiter Stanleys, ein Pionier und Händler mit den Eingeborenen, der sich also durchaus nicht leicht aus der Fassung bringen ließ.

Bei der Besprechung der Befreiung von Sklaven durch die Belgier, die deswegen so großes Verdienst für sich in Anspruch nahmen, sagt Glave (Century Mag., Vol. 53):

„Angeblich sind sie von der Sklaverei erlöst und freigelassen worden, aber ich kann nicht verstehen, wie man diese Behauptung rechtfertigen will. Sie werden aus ihren Dörfern herausgeholt, südwärts geschickt, auf den Stationen zum Soldatendienste, zur Arbeit usw. gezwungen, friedliche Familien werden zerstört und die verschiedenen Familienmitglieder überallhin verstreut. Um ihre Flucht zu verhindern, müssen sie auf dem Transporte angekettet und bewacht werden. Das sieht nicht aus, als ob die versprochene Freiheit verlockende Aussichten böte. Die so ‚befreiten' jungen Kinder werden der französischen Mission übergeben, wo ihnen die freundlichste Pflege zuteil wird, aber dennoch kann nichts diese Form des Frohndienstes rechtfertigen. Ich kann verstehen, daß der Staat die Eingeborenen zwingt, eine gewisse Zeit lang eine gewisse Summe von Arbeit zu verrichten, aber Leute gewalttätig aus ihrer Heimat zu entführen, sie hier und dorthin zu senden, und die Familie zu zersplittern, nein, das ist nicht recht. Ich werde über die Zustände auf dem Wege und in Kabambare noch mehr erfahren. Wenn diese Verhältnisse bestehen bleiben, so kann ich nicht sehen, welchen Nutzen die Eingeborenen aus der Antisklaverei-Bewegung ziehen können."

über die Verwendung eingeborener Soldaten sagt er: „Staats-Soldaten werden auch ohne weiße Offiziere verwandt. Das sollte nicht gestattet werden, denn die schwarzen Soldaten verstehen nicht, weshalb gekämpft wird, und anstatt daß Unterwerfung angestrebt wird, werden die Eingeborenen oft massakriert oder in die Berge getrieben ... Die schwarzen Soldaten sind auf Kämpfen und Plündern erpicht; sie wollen kein friedliches Übereinkommen. Sie haben gute Büchsen und Munition, begreifen ihre Überlegenheit über die nur mit Bogen und Pfeilen bewaffneten Eingeborenen und wollen schießen, töten und rauben. Der Schwarze findet seine Freude daran, den Schwarzen zu morden, ob sein Opfer nun Mann, Frau oder Kind ist, es mag so hilflos sein wie es will. Das ist keine vernünftige Art, das Land zu besiedeln: es ist einfach nichts als Verfolgung. Schwarze können für derartige Zwecke nur unter der Führung Weißer verwandt werden."

Er traf einen gewissen Leutnant Hambursin, der ein fähiger Offizier gewesen zu sein scheint: „Gestern kamen die Bewohner eines benachbarten Dorfes, um darüber zu klagen, daß einer von Hambursins Soldaten einen Dorfbewohner getötet habe. Sie brachten die Büchse des Übeltäters. Heute erschien der betreffende Mann bei dem Appell ohne seine Büchse. Seine Schuld wurde erwiesen und ohne weitere Umstände wurde er an einen Baum gehängt. Hambursin hat Verschiedene für das Verbrechen des Mordes hingerichtet."

Hätten mehrere solcher Hambursins existiert, so würde die Zahl der Skandale wohl geringer gewesen sein. Über die Behandlung von Gefangenen sagt Glave: „In den Stationen, die weißen Männern, Regierungsbeamten, unterstellt sind, sieht man ganze Reihen armer, abgemagerter, alter Frauen, einige von ihnen bloße Skelette, die von sechs des Morgens bis zum Mittag, und von halb drei bis sechs arbeiten, Wassergefäße tragen, in Rotten umhertrotten, mit einem Strick um den Hals, alle in einem Abstande von kaum einem und einem halben Meter mit Seilen aneinander gefesselt. Sie sind Kriegsgefangene. Im Kriege werden die alten Frauen immer gefangen, aber man sollte sie etwas menschlich behandeln. Mit Ausnahme eines jämmerlichen aus mehreren Stücken zusammengesetzten Lumpens, der mit einem Strick um die Hüften befestigt ist, sind sie nackend. Sie werden unter keinen Umständen für irgend einen Zweck abgeseilt. Sie leben im Wachthause unter der Bewachung der schwarzen, eingeborenen Posten, die sich ein Vergnügen daraus machen, sie zu schlagen und zu quälen, denn das Herz des Eingeborenen kennt kein

Mitleid. Einige der Frauen haben kleine Kinder, aber sie verrichten trotzdem ihre Arbeit wie die anderen. Sie bieten in der Tat ein jämmerliches Bild, und man wundert sich, daß alte Frauen, wenn sie auch Kriegsgefangene sind, nicht ein wenig mehr Rücksicht erfahren sollten. Wenigstens ihre Nacktheit könnte man bedecken."

In seiner Beschreibung der Eingeborenen sagt er:

„Die Eingeborenen sind nicht faule Tagediebe. Ihre vorzüglichen Fähigkeiten sind durch harte Arbeit, Nüchternheit und natürliche Lebensart erworben."

Von der „Chicotte", dem beliebten und allgemein von den Agenten und Beamten des Freistaates gebrauchten Folterinstrument, entwirft er folgende Beschreibung:

„Die ‚Chicotte', aus rohem Flußpferdleder gefertigt, ist eine furchtbare Waffe, besonders wenn sie neu ist, mit messerscharfen Kanten und hart wie Holz. Ein paar Schläge ziehen Blut. Wenn das Vergehen nicht sehr ernst ist, sollten nicht mehr als fünfundzwanzig Schläge verabreicht werden. Trotzdem wir uns einreden, daß die Haut des Afrikaners sehr hart ist, so bedarf der Delinquent einer außerordentlich starken körperlichen Konstitution, um die schreckliche Strafe von hundert Hieben auszuhalten. Nach fünfundzwanzig oder dreißig Hieben ist das Opfer gewöhnlich besinnungslos. Bei dem ersten Hieb schreit es fürchterlich, dann beruhigt es sich allmählich und wird zu einem ächzenden, zuckenden Körper, bis die Operation vorüber ist. Schließlich taumelt es fort, oft mit klaffenden Wunden, die sein Leben lang dauern. Das Auspeitschen der Männer ist schlimm genug, aber viel gräßlicher ist es, wenn diese Strafe bei Frauen und Kindern angewandt wird. Kleine Knaben von zehn oder zwölf Jahren, mit erregbaren, heißblütigen Herren werden oft in rohester Weise behandelt. In Kasongo übt man große Grausamkeit. Ich sah zwei Knaben, die sehr schwere Narben zeigten. Ich glaube sicherlich, daß ein Mann, der hundert Schläge empfängt, oft beinahe getötet und daß sein Lebensmut für immer gebrochen wird."

Er hatte auch Gelegenheit, die Behandlung der Untertanen anderer Nationen zu beobachten:

„Zwei Tage vor meiner Ankunft in Wabundu wurden zwei Leute aus Sierra Leone von Laschet aufgehängt. Sie hatten auf Wachposten geschlafen und so einem eingeborenen Häuptling, der sich in Ketten als Gefangener befand, die Möglichkeit zur Flucht gegeben. In einem Wutanfall ließ Laschet beide am nächsten Morgen hängen. Sie waren britische Untertanen und vom Congo-Freistaat zum Heeresdienst angeworben. Ich glaube wohl, daß sie in Kriegszeiten nach vorausgegangenem Kriegsgericht durch Erschießen hätten hingerichtet werden können, aber einen Untertan eines anderen Landes ohne Untersuchung aufzuhängen, scheint mir empörend."

Über die allgemeine Erregung im Lande sagt er:

„Die Unruhe ist die natürliche Folge der rücksichtslosen, grausamen Politik des Staates, der diesen Leuten den Gummi abzwingt, ohne dafür zu zahlen. Die Empörung wird sich ausdehnen .... Der Posten Isangi befindet sich dicht bei der großen Ansiedelung eines einflußreichen Mannes Kayamba, der jetzt den Interessen des Staates dient, indem er Sklaven für denselben fängt und Elfenbein von den Eingeborenen des inneren Landes stiehlt. Weiß davon der philanthropische König von Belgien? Jedenfalls sollte er es wissen!"

Sobald er sich von den Gegenden entfernt, in denen Krieg herrscht, und in die Gegenden kommt, die friedliche Verhältnisse darstellen sollten, werden seine kritischen Bemerkungen noch bitterer. Der wachsende Gummihandel begann sich seiner Beachtung aufzudrängen:

„Früher wurden die Eingeborenen gut behandelt, aber jetzt sind Expeditionen nach allen Richtungen hin ausgesandt worden, welche die Eingeborenen zwingen, Gummi herbeizuschaffen und an die Stationen abzuliefern. Den Ikelemba herauf nehmen wir hundert Sklaven mit, bloße Kinder, die alle in widerrechtlichen Kriegszügen mit den Eingeborenen ergriffen wurden .... Das war in den alten Zeiten nicht notwendig, als wir weißen Leute keine Macht hatten. Dieser erzwungene Handel entvölkert das Land .... Ich verließ heute morgen Equateur um elf Uhr, nachdem ich eine Ladung von hundert kleinen Sklaven übernommen hatte, hauptsächlich Knaben, sieben oder acht Jahre alt, einige wenige Mädchen darunter, alle den Eingeborenen geraubt. Der Distrikt-Kommissar ist ein Kerl mit gewalttätigem Temperament. Während der Vorbereitungen zur Übernahme der hundert kleinen Sklaven verstand eine Frau, die die Kinder in ihrer Obhut hatte, nicht sogleich den in sehr schlechtem Kabanji-Dialekte gegebenen Befehl des Distrikt-Kommissars. Er sprang auf sie zu, schlug sie in das Gesicht, und als sie fortlaufen wollte, stieß er sie mit dem Fuße. Da sprechen die Leute von Philanthropie und Zivilisation! Wo sie ist, weiß ich nicht!"

Und an anderer Stelle:

„Die meisten weißen Beamten am Congo sind der Gummi-Politik des Staates abgeneigt, aber sie besteht auf Grund der Gesetze. Daher verlassen die Eingeborenen in der Nähe jedes Postens ihre Heimat und entfliehen, wenn möglich, auf die französische Seite des Flusses."

Im weiteren Verlaufe urteilt er immer schärfer: „Überall höre ich dieselben Nachrichten von dem Treiben des Congo-Freistaates: Gummi und Mord, Sklaverei in ihrer schlimmsten Gestalt. Man sagt, daß die Hälfte der verschickten ‚liberés‘ auf dem Wege sterben. In Europa verstehen wir unter ‚liberes‘ Sklaven, die aus den Händen ihrer grausamen Herren errettet wurden. Das ist durchaus nicht der Fall! Die meisten derselben stammen aus den Kriegen, die gegen die Eingeborenen um des Elfenbeins und Gummis willen geführt werden!“

Überall sieht er den Beweis gänzlicher Mißachtung der Menschlichkeit: „Heute sah ich den Leichnam eines Trägers am Wege liegen. Man konnte nicht darüber im Zweifel sein, daß er ein kranker Mann gewesen war: er bestand nur aus Haut und Knochen. In diesen Stationen sollte man sich etwas um die Träger kümmern. Die herzlose Mißachtung des Menschenlebens ist gräßlich .... Das Leben der Eingeborenen gilt den Belgiern nichts. Kein Wunder, daß der Staat verhaßt ist.“

Zuletzt, kurze Zeit vor seinem Tode, hörte er von der Praxis der Verstümmelung. Sie war eine der markantesten Früchte jener Politik der „Förderung der moralischen und materiellen Hebung der Eingeborenenstämme,“ die man auf der Berliner Konferenz versprochen hatte.

„Herr Harvey hörte von Clarke, der sich am Mantumba-See befindet, daß die Staatssoldaten kürzlich in der Nachbarschaft seiner Station gekämpft und Gefangene gemacht hätten. Er selbst hatte mehrere Männer mit Bündeln abgehauener Hände gesehen, durch welche sie ihre persönliche Geschicklichkeit beweisen wollten. Die Hände hatten Männern und Frauen, aber auch kleinen Kindern angehört. Die Missionare sind dem Staate so ganz auf Gnade und Ungnade ausgeliefert, daß sie solche barbarischen Geschehnisse nicht nach Haus berichten. Ich habe schon früher davon gehört, daß Hände, unter denen sich auch solche von Kindern befinden, zu den Stationen gebracht werden, aber ich konnte an die Wahrheit dieser früheren Nachrichten nicht so glauben, wie an die Berichte, die Herr Harvey soeben von Clarke empfangen hat. Solche Dinge ereignen sich vielfach in der Equateur- Station. Derartige Methoden sind unnötig. Als ich vor Jahren in Equateur ohne Soldaten dienstlich stationiert war, hatte ich niemals Schwierigkeiten, mir so viele Leute zu verschaffen, wie ich wollte, und dieselbe Erfahrung haben alle anderen Stationen in den Tagen gemacht, als noch Menschlichkeit herrschte. Weder die Stationen noch die Schiffe waren in Verlegenheit, Leute und Arbeitskraft zu finden, und auch die Belgier würden keine Schwierigkeiten haben, wollten sie nur vernünftigere Methoden zur Anwendung bringen.“

In obiger Angabe ist besonders der Satz bemerkenswert: „Die Missionare sind dem Staate so ganz auf Gnade und Ungnade ausgeliefert, daß sie diese barbarischen Geschehnisse nicht nach Haus berichten.“ Die Beschöniger des Königs Leopold haben behauptet, daß die Gährung von den Missionaren verursacht worden sei; diese Behauptung entfernt sich aber weit von der Wahrheit. Die Missionare haben vielmehr mit ihren Berichten zurückgehalten, und nur dem Mute und der Wahrheitsliebe einiger Engländer und Amerikaner verdanken wir, daß diese Verhältnisse schließlich vor die Öffentlichkeit gebracht worden sind.

Soweit sei das Zeugnis des Herrn Glave mitgeteilt. Er war ein englischer Reisender. Herr Murphy, ein amerikanischer Missionar, wirkte zu derselben Zeit in einem anderen Teile des Landes, in der Gegend, wo der Ubangi sich mit dem Congo vereinigt. Wir wollen sehen, inwiefern sein unabhängig geschriebener Bericht (Times 18. November 1895) mit dem obigen übereinstimmt :

„Ich habe diese Dinge mit eigenen Augen mitangesehen und habe in den Jahren 1888, 1889 und 1894 bei dem Staate protestiert, aber niemals Genugtuung erhalten. Ich bin im Innern gewesen und habe die Verwüstungen betrachtet, die vom Staate in Verfolgung seines nichtswürdigen Handels angerichtet wurde. Ich möchte ein Beispiel anführen, um zu beweisen, wie dieser ungerechte Handel auf die Verhältnisse der Leute einwirkt. Eines Tages machte der dem Posten von Solifa vorstehende Staatskorporal den Rundgang durch die Ortschaft, um Gummi zu sammeln. Als er eine arme Frau traf, deren Gatte zum Fischen fortgegangen war, frug er: ‚Wo ist dein Mann?‘ Sie zeigte zum Fluß. Der Korporal frug: ‚Wo ist der Gummi?‘ Sie antwortete: ‚Er liegt bereit.‘ Der Korporal sagte: ‚Du lügst“ hob seine Büchse und schoß die Frau auf der Stelle tot. Kurze Zeit darauf kehrte der Mann zurück und hörte von der Ermordung seiner Frau. Er ging geraden Wegs zum Korporal, nahm seinen Gummi mit sich und frug, warum er seine Frau erschossen habe. Dann hob der arme Wicht seine Büchse und erschoß den Korporal. Die Soldaten liefen zum Hauptquartier und erstatteten Bericht mit dem Resultat, daß der Kommissar zur Erhaltung der Autorität der Soldaten eine starke Macht sandte, welche die Stadt plünderte, in Asche legte und viele Leute tötete und verwundete.“

Und an anderer Stelle:

„Im vorigen November (1894) fand ein starkes Gefecht am Bosira statt, weil die Leute die Ablieferung von Gummi verweigerten. Ich hörte von einem Staatsoffizier, daß nicht weniger als achtzehnhundert Leute getötet wurden. In demselben Monat liefen bei einer anderen Gelegenheit einige Soldaten von einem Staatsdampfer fort und flüchteten, wie man sagte, zur Stadt Bombumba. Der Offizier forderte den Häuptling auf, die Leute auszuliefern. Er antwortete, daß er dies nicht tun könne, da die Leute nicht in seiner Stadt seien. Der Offizier sandte seinen Boten zum zweiten Male: ‚Komm sofort zu mir, oder es gibt morgen Krieg.‘ Am nächsten Morgen ging der alte Häuptling den Belgiern entgegen; er wurde sofort angegriffen, ohne Veranlassung gegeben zu haben und verwundet. Seine Frau wurde vor seinen Augen getötet; ihr Kopf wurde abgeschnitten, um ihr Halsband zu rauben. Außerdem wurden vierundzwanzig Leute des Häuptlings getötet – und alles dies geschah unter dem oben angegebenen nichtigen Vorwande. Ferner: Die Einwohner am See Mantumba flüchteten wegen der Grausamkeit des Staates, der dann einige Soldaten unter einem schwarzen Korporal sandte, um zu verhandeln und sie zur Rückkehr zu bewegen. Auf dem Wege trafen die Leute ein Canoe mit sieben Flüchtlingen. Unter irgend einem Vorwande verlockten sie die Flüchtlinge, zu landen, erschossen sie, schnitten ihnen die Hände ab und brachten dieselben zum Kommissar. Die Mantumba-Leute wandten sich klagend an den Missionar zu Irebu, der herbeieilte und sich von der Wahrheit der Erzählung überzeugte. Er fand, daß alles sich genau so zugetragen hatte, und daß sich unter den sieben Flüchtlingen ein kleines Mädchen befunden hatte, welches noch lebend am Orte zurückgelassen worden war. Das Kind erholte sich und lebt bis zum heutigen Tage. Die Stümpfe ihrer handlosen Arme legen Zeugnis von dieser gräßlichen Handlungsweise ab. Diese Angaben betreffen nur einige wenige der vielen Greuel, die sich hier ereignet haben.“

Aber solche Gräßlichkeiten wurden nicht nur des Gummis wegen verübt. Wo beträchtliche Landstrecken für Gummi ungeeignet sind, wurden andere Auflagen mit gleicher Brutalität eingetrieben. Eine Ortschaft sollte Nahrungsmittel beschaffen und hatte sich mit der Lieferung um einen Tag verspätet.

„Die Leute schliefen friedlich auf ihrem Lager, als sie einen Schuß hörten. Sie liefen heraus, um zu sehen, was los sei. Sobald sie fanden, daß Soldaten ihren Ort umzingelt hatten, dachten sie nur daran, sich zu retten. Wie sie ratlos aus ihren Hütten forthasteten, Männer, Frauen und Kinder, wurden sie unbarmherzig niedergeschossen. Ihre Stadt wurde von Grund aus zerstört und ist bis zum heutigen Tage eine Ruine geblieben. Der einzige Grund für diesen Überfall war der Umstand, daß die Leute unterlassen hatten, am Tage vorher dem Staate das ‚Kwanga‘ (Nahrungsmittel) abzuliefern.“

Zum Schluß sagt Herr Murphy: „Die Gummi-Frage ist für die meisten der am Congo verübten Greuel verantwortlich. Sie hat die Leute zur völligen Verzweiflung getrieben. Jede Stadt im Distrikte ist gezwungen, an jedem Sonntag dem Hauptquartiere des Kommissars eine gewisse Quantität abzuliefern. Das Sammeln wird gewalttätig betrieben. Die Soldaten hetzen die Leute in das Gebüsch; wenn sie nicht gehen wollen, werden sie niedergeschossen; ihre Unke Hand wird abgeschlagen und dem Kommissar als Trophäe gebracht. Den Soldaten ist es ganz gleichgültig, wen sie niederschießen, sehr oft töten sie hilflose Frauen und harmlose Kinder. Die erbeuteten Hände von Männern, Frauen und Kindern werden in Reihen vor dem Kommissar niedergelegt, der sie zählt, um zu prüfen, ob die Soldaten nicht ihre Patronen verschwendet haben. Der Kommissar erhält eine Kommission von ungefähr acht Pfennigen für jedes Pfund des beigebrachten Gummi; es liegt deshalb in seinem Interesse, eine möglichst große Menge einzutreiben."

In dieser Aussage finden wir Bestätigung und Ergänzung von allem, was Herr Glave vorgebracht hat. Das System hatte damals noch nicht lange bestanden und arbeitete zehn oder zwölf Jahre später mit größerer Wirksamkeit, aber schon damals trug es seine ersten bemerkenswerten Früchte der „Zivilisation". Man kann nicht sagen, daß König Leopolds Herrschaft unterlassen hat, dem Land seine Spuren aufzudrücken. Klare Beweise liegen vor, daß derartige Verstümmelungen unter den eingeborenen Wilden bis dahin unbekannt gewesen waren. Solche Tat blieb dem europäischen Regime vorbehalten.

Nach diesen Zeugnissen eines englischen Reisenden und eines amerikanischen Missionars wollen wir uns den Angaben eines schwedischen Geistlichen, Herrn Sjoblom, zuwenden, die im Juli 1897 in „The Aborigines' Friend" veröffentlicht wurden. Sie nehmen auf dieselbe Zeitperiode und auf den Equateur-Distrikt Bezug. Dort ist das System bei voller Arbeit:

„Wenn die Eingeborenen sich weigern, Gummi zu liefern, wird Krieg erklärt. Soldaten werden nach verschiedenen Richtungen ausgesandt. Die Leute in den Ortschaften werden angegriffen. Wollen sie in den Wald laufen und versuchen, sich zu verstecken, werden sie von den Soldaten aufgestöbert. Ihre Reisgärten werden zerstört und ihre Vorräte fortgenommen. Ihre jungen und noch nicht Frucht tragenden Plantagen werden niedergehauen, oft werden ihre Hütten niedergebrannt und selbstverständlicher Weise wird alles, was Wert hat, fortgenommen. Ich selbst weiß von 45 Dörfern, die gänzlich in Asche gelegt wurden. Ich sage „in Asche gelegt", denn viele andere wurden außerdem teilweise verbrannt. Ich bin durch achtundzwanzig verlassene Dörfer gekommen. Die Eingeborenen hatten ihr Heim aufgegeben, um weiter in das Innere zu flüchten. Um den weißen Mann los zu werden, legen sie den Weg teilweise auf dem Fluß zurück oder gehen auf das französische Gebiet über. Öfters werden die Eingeborenen gezwungen, großes Lösegeld zu entrichten. Die Häuptlinge müssen oft mit Messingdraht und Sklaven zahlen, und wenn die letzteren nicht den vollen Betrag ausmachen, verkauft man die Frauen, um den Restbetrag zu erschwingen. So hat mir ein belgischer Offizier erzählt. „Ich werde ein Beispiel von einem Manne anführen", fährt Herr Sjoblom fort, „der vor meinen Augen erschossen wurde. Auf einer meiner Reisen nach dem Innern war ich wohl ein wenig weiter gegangen, als der Kommissar erwartet hatte, und sah etwas, das er wohl gern vor meinen Augen fern gehalten hätte. Es war in einer Ortschaft namens Ibera, einer der Kannibalenplätze, die vorher kein weißer Mann jemals betreten hatte. Ich traf nach Sonnenuntergang ein, nachdem die Eingeborenen von ihrer Suche nach Gummi zurückgekehrt waren. Sie sammelten sich in großen Haufen, neugierig, einen weißen Mann zu sehen. Außerdem hatten sie gehört, daß ich ihnen gute Nachricht zu bringen habe, nämlich das Evangelium. Als der große Haufe versammelt war und ich mich gerade anschickte, zu predigen, stürzten die Wachen dazwischen und ergriffen einen alten Mann. Sie zerrten ihn zur Seite und der Postenführer kam zu mir und sagte: ‚Ich will den Mann erschießen, denn er hat heute auf dem Flusse gefischt und keinen Gummi gesammelt.' Ich sagte: ‚Ich habe nicht die Befugnis, dich zu hindern, denn ich habe mit diesen Dingen nichts zu tun. Aber diese Leute sind gekommen, um zu hören, was ich ihnen zu sagen habe, und ich will nicht, daß du es vor meinen Augen tust.' Er antwortete: ‚Gut, ich werde ihn bis morgen früh gefesselt halten, bis Sie fortgegangen sind. Dann werde ich ihn töten.' Aber ein paar Minuten darauf lief der Mann voller Wut zu dem Gefangenen und erschoß ihn vor meinen Augen. Dann lud er seine Flinte von neuem und legte auf die anderen an, die wie Spreu vor dem Winde auseinanderstoben. Er befahl einem kleinen acht oder neun Jahre alten Knaben, die rechte Hand des Erschossenen abzuhauen. Aber der Mann war noch nicht ganz tot, und als er das Messer fühlte, versuchte er seine Hand fortzuziehen. Nach einiger Mühe säbelte der Knabe die Hand herunter und legte sie vor einem gefallenen Baume nieder. Etwas später wurde die Hand vor einem Feuer geröstet und dann dem Kommissar gesandt."

Hier haben wir das System in seiner Blüte. Das Bild des Kindes, wie es die Hand des Sterbenden abhackt auf Befehl des Scheusals, das auch sicherlich das Kind gemordet haben würde, wenn es gezögert hätte, dem Befehl nachzukommen – diese Szene ist wohl eine der teuflischsten, die sogar der Congo hat hervorbringen können. Welch gräßlicher Kommentar zu dem Evangelium Christi, das der Missionar predigen wollte!

Herr Sjoblom konnte anscheinend zuerst nicht glauben, daß solche Schandtaten mit Wissen und Billigung der Weißen verübt würden. Er wagte es, an den Kommissar zu appellieren. „Er wandte sich zu mir voller Ärger", berichtet Herr Sjoblom „und sagte in Gegenwart der Soldaten, daß er mich aus dem Ort jagen würde, wollte ich mich noch fernerhin in diese Angelegenheiten mischen."

Es würde allerdings für den Kommissar einigermaßen absurd gewesen sein, einzuschreiten, da ja doch die Hand zu dem Zwecke abgeschnitten wurde, ihm vorgewiesen zu werden. Der ganze Vorgang erklärt sich aus dem folgenden Paragraphen: „Wenn der Gummi nicht die volle vorgeschriebene Quantität erreicht, werden die Eingeborenen von den Soldaten angegriffen. Sie töten einige und bringen die Hände dem Kommissar. Andere werden dem Kommissar als Gefangene gebracht. Die Wachen oder die zu ihrer Aufwartung bestimmten Burschen stecken die Hände an einen kleinen Dörrofen, und sobald sie geräuchert sind, werden sie oben auf die Gummikörbe gelegt. Ich habe bei vielen Gelegenheiten gesehen, wie dies geschah."

Und diesen Tatsachen gegenüber lesen wir in den letzten offiziellen Kundgebungen der belgischen Diplomaten, „daß sie beabsichtigen, das wohltätige und zivilisierende Werk fortzusetzen, dessen Erbschaft sie angetreten."

Noch einen anderen Abschnitt aus dem Berichte des Herrn Sjoblom wollen wir betrachten, der die Mitschuld der belgischen Behörden beweist und zeigt, wie die Anwesenheit der Missionare offene Brutalität immer noch einigermaßen gehemmt hat. Wenn die Missionare trotzdem so vieles mit eigenen Augen sehen konnten, wie müssen die Zustände in den weiten Gebieten gewesen sein, in denen keine Missionen vorhanden waren?

„Ende 1895 – alle Leute waren damit beschäftigt, Gummi zu sammeln – sagte der Kommissar, daß er oft die Wachen angewiesen habe, die Eingeborenen nicht zu töten. Aber am 14. Dezember ging ein Wachtposten an unserem Stationsgebäude vorüber und eine Frau begleitete ihn, die einen mit Händen gefüllten Korb trug. Herr und Frau Banks kamen mit mir und wir wiesen den Posten an, die Hände am Wege niederzulegen, damit wir sie zählen konnten. Wir zählten achtzehn rechte geräucherte Hände, und aus ihren Größen konnten wir erkennen, daß sie Männern, Frauen und Kindern angehört hatten. Wir konnten nicht verstehen, warum diese Hände gesammelt worden waren, da ja doch der Kommissar befohlen hatte, daß keine Eingeborenen um der Hände willen getötet werden sollten. Auf meiner letzten Reise jedoch enträtselte ich das Geheimnis. An einem Montag abend frug mich ein Wachposten, der gerade von dem Kommissar zurückkehrte: „Was sollen die Posten tun? Wenn alle Leute dabei sind, sagt der Kommissar uns öffentlich, daß wir niemanden mehr töten sollen, aber wenn die Leute fortgegangen sind, sagt er uns privatim, daß wir einige töten müssen, wenn sie nicht viel Gummi abliefern. Aber die Hände sollen wir ihm nicht bringen." Er erzählte mir auch, daß einige Soldaten in Ketten gelegt worden waren, weil sie Eingeborene in der Nähe einer Mission getötet hatten, aber seiner Ansicht nach sei das nur geschehen, damit es öffentlich bekannt würde und der Kommissar sich durch Bestrafung der Leute rechtfertigen könne. Ich sagte dem Posten: „Du solltest den ersten Befehl befolgen, niemanden in Zukunft zu töten." Er antwortete: „Aber die Leute bringen kein Gummi, wenn sie keine Furcht haben, und dann peitscht uns der Kommissar mit dem Flußpferd-Kantschuh oder er schließt uns in Ketten oder sendet uns nach Boma." Der Posten fügte hinzu, daß der Kommissar ihn angewiesen habe, grausame Handlungen zu verheimlichen, aber sie nicht zu verhindern, und zwar solle er dies auf solche Art tun, daß er gerechtfertigt erscheine, falls die Tatsache bekannt würde und eine Untersuchung erfolgte. In solch einem Falle könne dann der Kommissar sagen: ‚Ich habe dem Manne öffentlich befohlen, niemanden in Zukunft mehr zu töten' und er könne dann dem Soldaten die Schuld aufladen. Schuld und Strafe hätte aber in ihrer ganzen Härte den Kommissar treffen sollen, nachdem er so Schreckliches getan, um die Gerechtigkeit zu täuschen und auf falsche Bahnen zu führen. Wenn die militärischen Wachposten über die Bedeutung solchen Erlasses in so großem Zweifel sind, wie wird es dann erst mit den Eingeborenen stehen?"

Ich habe schon gesagt, daß man mehr zugunsten der kannibalischen Mörder anführen könnte, als zugunsten der Weißen, die die Ausführung des Systems leiten. Die Capitas brachten dieselbe Entschuldigung vor. „Lassen Sie sich die Sache nicht so zu Herzen gehen", sagte einer derselben zu dem Missionar, „wir werden getötet, wenn wir nicht Gummi bringen. Wenn wir aber viele Hände bringen, dann hat der Kommissar uns versprochen, er will unsere Dienstzeit abkürzen. Ich habe schon viele gebracht, und ich erwarte, daß ich bald entlassen werde."

Daß die Kommissare bis an die Lippen in Blut und Untaten waten, geht unwiderleglich aus obigen Mitteilungen hervor. Aber Herr

Sjoblom war imstande, die Spur auf dem Wege zum Palaste in Brüssel noch einen Schritt weiter zu verfolgen. Generalgouverneur Wahis, der in dem Lande eine unheilvolle Rolle gespielt hat, kam den Fluß herauf und versuchte, den freimütigen Schweden dazu zu bringen, sich zu widersprechen oder ihn im anderen Falle einzuschüchtern. Nichts lag ihm ferner, als der Wahrheit nachzuspüren oder gar das vollbrachte Unrecht wieder gut zu machen; denn er wußte wohl, daß das System ohne Unrecht nicht bestehen konnte, ohne Unrecht die Räder sich nur langsam drehen müßten, und daß der in Europa hockende Hauptingenieur bald anfragen würde, was denn eigentlich mit seiner Gummi produzierenden Maschine los sei. „Sie mögen alle diese Dinge, von denen Sie berichten, gesehen haben“, sagte er, „aber dennoch ist nichts bewiesen worden.“ Der Kommissar hatte mittlerweile dem Zeugen die Büchse an den Kopf gehalten, um sich zu vergewissern, daß nichts erwiesen werden würde. Trotz alledem gelang es dem Herrn Sjoblom, sein Beweismaterial zusammenzubringen. Er ging zum Gouverneur und frug ihn, wann er geneigt sei, das Material sich vortragen zu lassen. „Ich habe nicht den Wunsch, irgend welche Zeugen anzuhören“, sagte er. „Wenn Sie fortfahren, eine Untersuchung in diesen Angelegenheiten zu fordern, so werden wir gegen Sie Anklage erheben. Das bedeutet fünf Jahre Gefängnis …“

So lautet die Erzählung des Herrn Sjoblom, die den Gouverneur Wahis als Mitschuldigen an den allgemeinen Scheußlichkeiten belastet. „Aber die Erzählung ist nicht wahr!“ ruft der Beschöniger dieser Verhältnisse. Sonderbar, wie doch Deutsche und Schweden, Amerikaner und Briten, Laien und Priester, alle übereinstimmen, den unschuldigen Staat gräßlich zu verleumden ! Sicherlich, die bösen Kinder säbeln ihre eigenen Hände ab, um einen Schandflecken auf das „wohltätige und philanthropische Unternehmen am Congo“ zu wälzen! Tartuffe und Jack the Ripper (der Aufschlitzer) zu gleicher Zeit – hat die Welt jemals vorher solche Kombination gesehen?

Wir wollen noch eine andere Geschichte von Herrn Wahis erzählen, denn es ereignet sich nicht oft, daß wir einen Gouverneur des Congo in eigener Person den Resultaten seines Werkes gegenüberstellen können. Als er den Fluß hinunterfuhr, war Herr Sjoblom in der Lage, ihm von einer neuen Vergewaltigung zu berichten:

„Herr Banks sagte dem Gouverneur, daß er die Schandtat mit eigenen Augen angesehen habe. Darauf ließ Dr. Wahis den diensttuenden Befehlshaber kommen (der Offizier, der den Raubzug anbefohlen hatte, hatte sich schon fortbegeben) und frug ihn in französischer Sprache, ob die Geschichte wahr sei. Der belgische Offizier bejahte, aber Herr Wahis sagte zu Herrn Banks in dem Glauben, daß derselbe kein Französisch verstehe: ‚Sie mögen das ja gesehen haben, aber Sie haben keine Zeugen.‘ ‚Oh‘, antwortete Herr Banks, ‚dann kann ich ja doch den Kommandantenrufen, der Ihnen soeben die Wahrheit bestätigt hat.‘ Herr Wahis versuchte, die Angelegenheit als möglichst unbedeutend erscheinen zu lassen, aber zu seiner großen Überraschung fügte Herr Banks hinzu: .Jedenfalls habe ich dem britischen Generalkonsul, der kürzlich hier durchgereist ist, auf sein eigenes Ersuchen hin meinen unterzeichneten Bericht übergeben.‘ Herr Wahis erhob sich von seinem Stuhl und rief aus: ‚Dann weißes ganz Europa!‘ Und nun sagte er zum ersten Male, daß der verantwortliche Kommissar bestraft werden müsse.“

Es bedarf nicht der Erwähnung, daß diese sogenannte „Strafe“ nur eine Posse war.

Diese aufeinander folgenden, sich gegenseitig ergänzenden Berichte, die in die Öffentlichkeit drangen, als die Ermordung des Herrn Stokes und das Verbot des britischen Kolonialamtes Rekruten für das Congo-Land zu liefern, bekannt wurden, hatten den Erfolg, daß die öffentliche Aufmerksamkeit sich nachdrücklich den Verhältnissen dieses Landes zuwandte. Man begegnete den Anschuldigungen teilweise mit einfachem Leugnen, teilweise mit allgemeinen Phrasen über Moralität und teilweise mit Scheinreformen. Herrn van Eetvelde in Brüssel und Herr Jules Houdret in London leugneten Dinge, die seitdem ohne allen Zweifel als Tatsachen erwiesen worden sind. Die Reform nahm die Gestalt einer sogenannten „Schutz-Kommission für die Eingeborenen“ an. Wie alle derartige Reformen, erwies sich auch diese als gänzlich unwirksam; sie war nur für den europäischen Bedarf zurechtgeschnitten. Niemand wußte so gut wie die Leute in Brüssel, daß keine Reform irgend eine heilsame Wirkung äußern konnte, wenn man das System an und für sich bestehen ließ. Denn dieses System mußte Schandtaten mit derselben naturgemäßen Gewißheit hervorbringen, wie Frost Eis erzeugt. Aus dem Nachfolgenden werden sich die Resultate der Bemühungen dieser „Schutz-Kommission für die Eingeborenen“ ergeben.

V. Weitere Früchte des Systems

Ich muß die Beschreibung der langen Kette gräßlicher Gewalttaten einen Augenblick unterbrechen, um einige neu hinzugetretene Ereignisse, welche die Lage beeinflußten, zu erklären.

Wir haben bereits gesehen, daß der Congo-Staat, da er nicht imstande war, seine ungeheure Domaine selbst auszunutzen, große Strecken derselben an monopolistische Gesellschaften verpachtet hatte, in völligem Widerspruche mit Artikel V des Berliner Vertrages. Bis zum Jahre 1897. wurden diese Gesellschaften in Belgien registriert und wahrten wenigstens einigen Anschein internationalen Charakters. Der Staat übte weder offene noch direkte Kontrolle. Das wurde aber jetzt geändert, indem der Staat das Netz enger zog, welches ihn mit diesen kommerziellen Unternehmungen verband. Zu diesem Zwecke wurden sie meistens aufgelöst und unter dem Congo-Gesetze wieder neu gebildet. Als Entschädigung für das gewährte Monopol erhielt der Staat meistens die Kontrolle, öfters sogar das Recht, die Verwalter und Agenten zu ernennen. Ferner erhielt er gewöhnlich die Hälfte der Aktien oder des Reingewinnes der Gesellschaft. Deshalb müssen wir in Zukunft im Auge behalten, daß wir tatsächlich mit dem Staate zu tun haben, d. h. dem König Leopold selbst, ob wir nun von der Abir-, oder der Kasai-, der Katanga- oder der Anversoise-Gesellschaft sprechen. Der König ist der Besitzer dieser Gesellschaften, zahlt ihnen aber 50 % Kommission dafür, daß sie alle Arbeit verrichten. Da ihr Reingewinn in einem Lande, in dem man nichts für die Produktion und wenig für die Arbeitskraft zahlte, durchaus den Erwartungen entsprach (nämlich zwischen 50 und 700 im Jahre schwankte), so zogen alle beteiligten Parteien ihren Vorteil.

Eine andere neue Erscheinung in den Verhältnissen war im Jahre 1898 die Vollendung der unteren Congo-Eisenbahn, welche Stanley Pool mit Matadi verbindet und so die Wasserschnellen umgeht. Das Unternehmen an und für sich war prächtig und voll von segensreichen Möglichkeiten. Aber die Mittel zu seiner Durchführung waren gewissenlos und unmenschlich. Hätte die zivilisierte Welt keine andere Klage gegen den Congo-Staat zu erheben, als die Geschichte dieses Baues mit seinem Frohndienste, der sich so ganz von den üblichen Maßregeln anderer europäischer Kolonien in den Tropen unterscheidet, diese Anklage wäre schwer genug. Sie verschwindet jedoch als unwesentlich im Vergleiche zur Knechtung eines ganzen Volkes und einem ununterbrochenen, zwanzig Jahre lang andauernden Massacre. Die Verhältnisse des von der Eisenbahn berührten Distriktes schildert Herr Edouard Picard, Mitglied des belgischen Senates, folgendermaßen:

„Der traurige, durch die verstümmelten Wälder gewährte Eindruck erhöht sich dort, wo bis vor kurzem sich die Dörfer der Eingeborenen befanden, verborgen gleich Nestern und geschützt von dichtem Laube. Die Bewohner sind verschwunden. Sie sind geflohen trotz allen ermutigenden Zuspruchs und des Versprechens, ihnen Frieden und freundliche Behandlung zu gewähren. Sie haben ihr Heim verbrannt, und große Aschenhaufen bezeichnen die Stelle zwischen verlassenen Palmenhainen und niedergetretenen Bananenfeldern. Die Greuel unmenschlicher Auspeitschungen, Niedermetzlungen, Ausplünderungen und Entführungen schrecken ihr armes Hirn und sie fliehen, um Rettung in Schlupfwinkeln des gastlichen Gebüsches zu suchen oder Schutz im französischen oder portugiesischen Gebiete zu finden, wo ihrer nicht solche Mühen und Schrecken harren, fern von den Pfaden des weißen Mannes, des unheilvollen Eindringlinges und seinen wunderlichen, Sorge bringenden Gewohnheiten.“ Ein trüber Anblick bot sich ihm, als er auf dem Karawanenpfade zum „Pool“ und zurück wanderte. „Wir begegnen andauernd diesen Trägern, vereinzelt oder im Gänsemarsche, Schwarzen, jämmerlichen Schwarzen, mit gräßlich schmutzigen Hüfttüchern als einziger Kleidung, wie sie mit bloßem, kraushaarigem Kopfe ihre Ladung schleppen – Kasten, Ballen, Elfenbein, Gummi, oder Tonnen; niedergebrochen, zusammenbrechend unter der Last, die um so schwerer drückt, je mehr sie selbst unter Müdigkeit und unzureichender Nahrung (einer Handvoll Reis und faulem, getrocknetem Fisch) leiden – erbarmungswürdige wandelnde Karyatiden, Lasttiere mit schmächtigen, affenartigen Gelenken, verkümmerten Gesichtszügen und starren Augen, weitaufgerissen infolge der dauernden Bemühung, die Balance ihrer erschöpften Glieder aufrecht zu erhalten. So kommen und verschwinden sie zu tausenden, Knechte eines Systems menschlicher Lasttiere, herbeigeschleppt von dem Staate kraft seiner unwiderstehlichen „force publique“, dargeboten von den Häuptlingen, deren Sklaven sie sind und die ihren Lohn rauben – so schwanken sie den Weg entlang, mit gekrümmten Knien und vorgetriebenem Bauche, staubig und übel riechend, den einen Arm hoch erhoben und den andern auf langem Stabe gestützt, schwanken entlang, bedeckt mit Ungeziefer, in ungeheurer Prozession, über Berg und Tal, sterben vor Ermattung am Wegesrande oder im heimatlichen Dorfe nach überstandener Wanderung." –

Der Leser wird sich erinnern, daß Kapitän Lothaire, nachdem er von dem an Herrn Stokes begangenen Morde freigesprochen worden, vom König Leopold wieder zurückgesandt wurde, um als verwaltender Direktor des Anversoise-Trust zu fungieren. Er traf im Jahre 1898 im Mongalla-Distrikt ein, und von dem Augenblicke an drangen nach Europa unbestimmte Gerüchte von Angriffen der Eingeborenen und blutigen Vergeltungen, nebst anderen Symptomen der Gewalttätigkeit und Unruhe, wie sie dort zu erwarten sind, wo eine große, an Freiheit gewöhnte Bevölkerung plötzlich zur Sklaverei gezwungen wird. Welch ungeheure Ausdehnung das Gummigeschäft unter der grimmigen Herrschaft des Kapitän Lothaire annahm, geht aus der Tatsache hervor, daß der Reingewinn der Gesellschaft, der im Jahre 1897 120.000 Frcs. betragen hatte, im Jahre 1899 auf 3.968.000 Frcs. anstieg – eine Summe, die das angelegte Gesamtkapital um mehr als das Doppelte überstieg. Herr Mille spricht von einem belgischen Agenten, der bei dem Vorweisen von 25.000 Patronen sagte: „Ich kann dieselben in 25.000 Pfund Gummi verwandeln." Kapitän Lothaire glaubte an dieselbe Art der Handelsmethoden, denn sein Gummiertrag wuchs in gleichem Maße wie seine kriegerischen Unternehmungen. Es lohnt sich schon, ein Viertel der Bevölkerung abzuschlachten, wenn dadurch der andere Teil zu wahnsinniger, unablässiger Arbeit angepeitscht wird.

Von diesen Vorgängen würde vielleicht niemals bestimmte Kunde nach Europa gedrungen sein, hätte Lothaire nicht den verhängnisvollen Fehler begangen, sich mit seinen Untergebenen zu streiten. Einer derselben, mit Namen Lacroix, sandte eine Mitteilung an die „Nieuwe Gazet" in Antwerpen, welche damals zusammen mit dem „Petit Bleu" eine achtbare und unabhängige Rolle spielte. Das Congo Preß Bureau, welches die Stimme des käuflichen Teiles der belgischen und Pariser Presse erdrückt hat, war damals noch nicht so vollkommen organisiert wie später.[1] Dieser Brief von Lacroix wurde am 10. April 1900 veröffentlicht; er warf ein grelles Licht auf die

1 Im Jahre 1906 wurde der Beweis erbracht, daß der Freistaat einer Belgischen Zeitung in Raten von 500 Francs pro Monat 9.000 Francs ausbezahlt hatte. Kommandant Lemaire, einer der hauptsächlichsten Aktionäre der betreffenden Zeitung, bestand darauf, als er bei seiner Rückkehr vom Congo von dieser Tatsache hörte, daß dieses Geld an den Freistaat zurückgegeben werde. Als der Staat jedoch die Annahme verweigerte, wurde das Geld unter neun verschiedene wohltätige Anstalten verteilt.

Vorgänge im Mongalla-Distrikt und war ein Geständnis, mit welchem Lacroix sich selbst und seine Oberen beschuldigte. Er erzählte, daß er von seinem Vorgesetzten beauftragt worden war, alle Eingeborenen eines gewissen Dorfes niederzumetzeln, weil sie das ihnen auferlegte Gummi säumig geliefert hatten. Und diesen Befehl hatte er ausgeführt. Später hatte sein Vorgesetzter sechzig Frauen in Eisen gelegt, und hatte sie fast alle Hungers sterben lassen, weil ihr Dorf Mummumbula nicht genügend Gummi abgeliefert hatte. „Man wird mich zur Verantwortung ziehen“, schrieb er, „weil ich 150 Männer gemordet, Frauen und Kinder gekreuzigt habe, viele Männer verstümmelt und ihre Überreste am Dorfzäune aufgehängt habe.“

Zu gleicher Zeit mit diesem Geständnis des Lacroix veröffentlichte „Le Petit Bleu“ beschworene Aussagen der vom Trust angestellten Soldaten, daß sie die Einwohnerschaft ganzer Dörfer massakriert hatten, weil die Quantität des von ihnen eingebrachten Gummi zu gering war. Moray, ein anderer Agent, veröffentlichte im „Petit Bleu“ ein Geständnis, aus welchem der nachstehende Auszug mitgeteilt sei:

„In Ambas waren wir eine Abteilung von dreißig Mann unter V–, der uns in ein Dorf sandte, um zu prüfen, ob die Einwohner Gummi sammelten. Andernfalls sollten wir sie alle morden, Männer, Frauen und Kinder. Wir fanden die Eingeborenen friedlich beisammen sitzend. Wir frugen sie, was sie schafften, und als sie keine Antwort geben konnten, fielen wir über sie her und töteten sie ohne Gnade. Eine Stunde später kam V– und wir sagten ihm, was geschehen sei. Er antwortete: ‚Das ist gut, aber ihr habt noch nicht genug getan.‘ Darauf befahl er uns, die Köpfe der Männer abzuschlagen und sie an den Toren des Dorfes aufzuhängen und ebenso die Frauen und Kinder in Form eines Kreuzes.“

Diese neuen Enthüllungen verursachten in Belgien einen Sturm der Erregung und brachten dadurch den Beweis, daß die Belgier nur durch ihre Unkenntnis bezüglich der wahren Tatsachen verhindert worden waren, dieselbe Menschlichkeit an den Tag zu legen, wie andere zivilisierte Nationen. Sie haben bisher noch nicht die gräßlichen Dinge voll begriffen, die in ihrem Namen geschehen sind. Aber wenn sie die Tatsachen voll erfassen, so werden sie sicherlich schreckliche Abrechnung halten. Einige haben sich schon mit Energie der Sache angenommen. Die Herren Vanderfelde und Lorand sind in der Kammer mutig aufgetreten. Die Offiziösen dagegen, mit den Herren Liebrichts und de Cuvelier an der Spitze, machten die gewöhnlichen vagen Redensarten und ergingen sich in allgemeinen Dementis. „Sie können sich darauf verlassen, daß volles, grelles

Licht auf die Vorgänge geworfen werden wird!“ versicherten die ersteren. Und so war es in der Tat, wenn auch bisher nicht in dem Umfange, der wünschenswert erscheint. Aber schließlich wurden doch einige der schuldigen Schurken vor Gericht gezogen und verurteilt. In irgend einer anderen europäischen Kolonie hätte man diese Leute kurzer Hand gehängt, nachdem sie sich als schurkische Mörder erwiesen hatten. Aber man hängt im Congo-Land keine weißen Schufte, auch dann nicht, wenn das Blut von hundert Morden an ihren Händen klebt. Der einzige weiße Mann, den man jemals dort gehängt hat, war der Engländer Stokes, und Wettbewerb im Handel war sein einziges Verbrechen.

Besonders bemerkenswert ist jedoch der Umstand, daß nur untergeordnete Beamte zur Bestrafung gelangten. V– wurde freigesprochen; Lacroix in das Gefängnis geworfen; Mattheys, ein anderer Agent, erhielt zwölf Jahre – ein Urteil, das damals sehr befriedigend klang, aber nach drei Jahren wurde er in Freiheit gesetzt. Bei der Urteilsbegründung dieses Menschen bediente sich der Richter der Worte: „Da es gerecht ist, das Beispiel in Betracht zu ziehen, welches seine Vorgesetzten ihm gaben, indem sie für das Leben oder die Rechte der Eingeborenen keine Achtung zeigten ….„ Das war ein braves Wort aber wie hilflos ist die Gerechtigkeit, wenn solche Worte ausgesprochen werden können, ohne ein Resultat zu zeitigen! Sie bezogen sich natürlich auf Kapitän Lothaire, der mittlerweile an Bord eines Dampfers in Matadi seine Zuflucht suchte und nach Europa entwich. Seine Flucht war offenes Geheimnis, aber wer hätte gewagt, seine Hand an den Günstling des Königs zu legen? Lothaire hatte seitdem zu wiederholten Malen Gelegenheit, den Congo zu besuchen, aber die heilige Justizia hat in der Tat mit blinden Augen still gesessen, sobald es sich um diesen Mann handelt.

Ein Umstand jedoch sollte aus dieser Gerichtsverhandlung besonders hervorgehoben werden. Moray, dessen Zeugnis von großer Wichtigkeit gewesen wäre, wurde gerade vor Eröffnung der Verhandlungen in seinem Bette tot aufgefunden. Ein derartiges Ereignis steht in der Geschichte des Congo-Staates nicht vereinzelt da. Als Kommandant Dooms gedroht hatte, die Schandtaten eines Beamten vor Europa bloßzustellen, wurde er, wie man bald darauf erklärte, in mysteriöser Weise von einem Flußpferd ertränkt. Kapitän Baccari, der von der italienischen Regierung zum Congo gesandt worden, und nach einer Inspektionsreise voll Entrüstung zurückkehrte, gab die leidenschaftliche Erklärung ab, daß man versucht habe, ihn zu vergiften. Tatsächlich fand man Sublimat in seinem Weine.

Ehe wir diese Enthüllungen und den sie begleitenden Ausbruch aufrichtiger Entrüstung in der belgischen Presse verlassen, wollen wir folgende Bemerkung aus einer Unterredung mit einem zurückgekehrten Beamten des Congo-Staates wiedergeben, die am 10. April 1900 in der Antwerpener „Nieuwe Gazet“ erschien. Der Beamte sagte:

„Als ich zuerst beauftragt wurde, ein Fort zu errichten, gab man mir einige eingeborene Soldaten und eine ungeheure Menge von Munition. Mein Chef versah mich mit folgender Instruktion: ‚Zermalmen Sie jedes Hindernis!‘ … Ich gehorchte und bahnte mir den Weg durch meinen Distrikt mit Feuer und Schwert. Ich hatte Antwerpen in der Meinung verlassen, daß ich einfach Gummi sammeln sollte. Aber groß war mein Erstaunen, als mir die Wahrheit dämmerte.“

Dieses Geständnis, zusammen mit dem oben erwähnten Briefe des Leutnants Tilkens, gewährt uns einen Einblick in die Stellung eines Agenten. Tatsächlich läßt sich ein Wort für diese unglücklichen Männer einlegen, denn es ist gräßlicher, selbst zum Verbrechen getrieben zu werden, als es nur zu dulden. Man vergegenwärtige sich die Folge der Ereignisse: Der Mann sieht eine Annonce, die eine kaufmännische Stellung in den Tropen anbietet. Er wendet sich an das Vermittlungsbureau. Man sagt ihm, daß das Gehalt etwa 1500 Mark im Jahre beträgt nebst einer Kommission. Er willigt ein. Dann fragt man ihn, ob er sich im Besitze von Geld befindet. Er hat kein Geld. Zweitausend Mark werden ihm für seine Ausgaben und Ausrüstung vorgeschossen, und er ist verpflichtet, diese Summe abzuarbeiten. Er geht nach Afrika und findet dort die schreckliche Aufgabe, die seiner wartet. Er muß das Verbrechen dulden, um Erfolg zu erzielen. Und wenn er nun sein Amt niederlegt? „Recht gerne!“ sagen die Behörden. „Aber du mußt hier bleiben, bis du den Vorschuß abgearbeitet hast!“ Er hat keine Möglichkeit, den Fluß abwärts zu gehen, denn die Dampfer stehen alle unter der Kontrolle der Regierung. Was kann er also tun? Es gibt für ihn ein Mittel, das auch oft zur Anwendung kommt: Er macht seinem Leben ein Ende. Die Selbstmorde sind häufiger, als in irgendeinem andern Dienste der Welt. Aber angenommen, er droht: „Gut. Ich werde bleiben, aber ich werde diese Schandtaten in Europa bloßstellen!“ Was dann? Das Verfahren ist ein ganz einfaches. Es wird gegen ihn die offizielle Beschuldigung erhoben, daß er die Eingeborenen mißhandelt habe. Mißhandlungen irgend welcher Art finden immerwährend statt, und es besteht keine Schwierigkeit, mit der Hilfe von Wachposten zu beweisen, daß irgend etwas, für das der Agent verantwortlich ist, mit dem geschriebenen Gesetze nicht übereinstimmt, gleichviel, in wie hohem Grade solche Abweichung als anerkannte Sitte gelten mag. Er wird nach Boma gebracht, gerichtlichem Verfahren unterzogen und verurteilt. So kommt es, daß das Gefängnis von Boma die Besten und die Schlechtesten zu gleicher Zeit beherbergen kann – junge Männer, deren Anschauungen für die Behörden zu menschlich waren und solche, deren Verbrechen sogar von der Congoverwaltung nicht übersehen werden konnten. Laßt Euch warnen. Ihr, die Ihr in diesem dunklen Lande Dienst sucht: Selbstmord, das Gefängnis zu Boma, oder solche Taten, die Eure Erinnerung für immer vergiften, erwarten Euch als einzige Wahl.

Zu Tausenden überfluten den Agenten amtliche Zuschriften wie die nachfolgende, welche der Kommissar des Uelle-Distriktes erlassen hat:

„Ich gebe Ihnen freie Hand, monatlich 4.000 kg Gummi herbeizuschaffen. Sie haben zwei Monate zur Verfügung, um Ihre Leute zu organisieren. Versuchen Sie es zuerst mit Milde. Wenn die Eingeborenen aber dabei beharren, sich den Forderungen des Staates zu widersetzen, dann wenden Sie Waffengewalt an."

Und das ist der Staat, der gebildet worden war, „um die moralischen und materiellen Interessen der Eingeborenen zu fördern!"

Da ich gerade von den gerichtlichen Verhandlungen zu Boma gesprochen habe, will ich noch kurz den Fall Caudron erwähnen, der sich im Jahre 1904 ereignete und deshalb merkwürdig war, weil er die Mitschuld des Staats an dem Verbrechen juristisch festlegte – eine Tatsache, die vorher schon ganz offenbar gewesen. Caudron war ein Mann, gegen den die Anklage vorlag, in 120 Fällen kaltblütigen Mord begangen zu haben. Er war ein eifriger und erfolgreicher Agent der Anversoise-Gesellschaft, derselben Gesellschaft, deren Wertpapiere sich zu solcher Höhe aufschwangen, weil ihr Verwalter Lothaire den Eingeborenen das beibrachte, was von einem Minister im belgischen Parlamente als „das christliche Gesetz der Arbeit" bezeichnet wurde. Er tat sein Bestes für die Gesellschaft und tat sein Bestes auch für sich selbst, denn ihm fielen 3 Prozent Kommission an dem Gewinn zu. Warum man gerade ihn unter all seinen Mörderkollegen zum Opfer wählte, ist schwer zu sagen – kurz, er fand sich eines Tages zu Boma im Besitze eines gerichtlichen Urteils von zwanzig Jahren Gefängnis. Als er appellierte, wurde das Urteil auf fünfzehn Jahre herabgesetzt – eine Zeitdauer, die, wie die Erfahrung lehrt, tatsächlich zwei oder drei Jahre bedeutet. Der interessante Punkt hegt aber in der Tatsache, daß sein Appell und die daraufhin erfolgte Herabsetzung der Strafe auf der Behauptung basierte, daß die Regierung von den mörderischen Überfällen gewußt habe und daß Regierungssoldaten zur Ausführung verwandt worden seien. Die einzelnen während der Verhandlung zutage kommenden Tatsachen waren die folgenden:

1. Das Bestehen eines Systems organisierter Bedrückung, Räuberei und Niedermetzlung, um im Interesse der „Gesellschaft“ (unter welchem Namen die Regierung selbst sich deckt) den Gummiertrag zu erhöhen.
2. Daß die lokalen Regierungsbehörden dieses System kennen und an demselben teilnehmen.
3. Daß die lokalen Beamten der Regierung sich an diesen Raubzügen auf der Suche nach Gummi beteiligen und daß Regierungstruppen bei denselben regelmäßig verwandt werden.
4. Daß die Gerichtsbarkeit machtlos ist, die Verantwortlichkeit den tatsächlich Schuldigen zur Last zu legen.
5. Daß infolge dieser Verhältnisse die grausamen Gewalttätigkeiten andauern werden, bis das System selbst ausgerottet ist.

Caudrons Anwalt beantragte die Vorweisung offizieller Dokumente, um die Kette der Verantwortlichkeit bis zum letzten Gliede zu verfolgen, aber der Präsident des Appellationsgerichts weigerte sich, dem Antrage Folge zu leisten, da er ebensogut wie wir wußte, daß die Spur auf den Thron zurückführen würde.

Man mag fragen, wie es möglich war, daß die Einzelheiten dieser Verhandlung nach Europa drangen, da ja doch so selten die Geheimnisse der Boma-Gerichte hervorsickern. Die Tatsache erklärt sich dadurch, daß ein in Boma lebender farbiger britischer Untertan sich die Mühe nahm, den Verhandlungen täglich beizuwohnen, um Aufzeichnungen zu machen, die er nach Europa sandte. Die Folgen seines Vorgehens sind interessant. Sein Handel, der ein sehr beträchtlicher war, wurde boykottiert, so daß er sein ganzes Besitztum verlor. Der Mann brütete über sein Unglück und nahm sich schließlich das Leben – auch ein Märtyrer für den Congo.

VI. Stimmen aus der Dunkelheit

Ich will jetzt zu den Zeugen der gräßlichen Behandlung der Eingeborenen zurückkehren. Rev. Joseph Clark lebte als amerikanischer Missionar in Ikoko, in der Domäne der Krone, die des Königs Leopold besonders reserviertes Eigentum ist.

Im Jahre 1893 fand der Missionar Ikoko in folgendem Zustande:

„Irebo zählt etwa 2.000 Einwohner; Ikoko mindestens 4.000. Auch andere Städte sind in leicht erreichbarer Entfernung, mehrere so groß wie Irebo und zwei wahrscheinlich so groß wie Ikoko. Die Leute sind von stattlicher Erscheinung, kühn und rührig."

Im Jahre 1903 lebten dort nur noch 600 Menschen.

Schon im Jahre 1894 begann Ikoko in der Kron-Domäne die Folgen des „König-Leopold-Systems" zu fühlen. Am 30. Mai dieses Jahres schrieb Herr Clark: „Infolge von Zerwürfnissen mit dem Staate haben die Leute von Irebo ihr Heim verlassen und sind geflohen. Gestern erschossen die Staatssoldaten einen kranken Mann, der nicht versucht hatte, fortzulaufen, und auch andere sind von den eingeborenen Staatssoldaten ermordet worden, die in der Abwesenheit von Weißen tun, was sie wollen."

Und im November 1894 schrieb er: „In Ikoko sind eine ganze Anzahl Leute von den Soldaten getötet worden, und die meisten anderen leben im Busche."

In demselben Monat klagte er offiziell bei dem Kommissär Fievez:

„Wenn Sie nicht bald kommen, um die bestehenden Mißstände hier zu beseitigen, so werden die Städte leer werden .... Ich bitte Sie dringend, uns zu helfen, am See Frieden zu bewahren ... Es ist so traurig, die toten Körper im Fluß und an der Bucht zu sehen und zu wissen, warum sie getötet wurden .... Die Leute leben im Busch wie die wilden Tiere, ohne Zuflucht und eigentliche Nahrung, und fürchten sich, Feuer anzuzünden. Viele von ihnen sind auf diese Art gestorben. Eine Frau lief mit drei Kindern fort, alle starben im Walde, und die Frau selbst kam als Ruine zurück und starb bald darauf – zugrunde gerichtet durch Hunger und Wetter. Wir kannten sie gut. Meine Hoffnung war, die Tatsachen dem König Leopold vorzulegen, da ich sicher war, daß er nichts von den gräßlichen Bedingungen der sogenannten „Gummisteuer" wußte."

Am 28. November schrieb er: „Die Staatssoldaten brachten sieben Hände und meldeten, daß sie die Leute erschossen hätten, als diese im Begriff waren, auf die französische Seite zu flüchten .... Wir fanden, daß die ganze Meldung der Soldaten unwahr war, und daß die Aussagen, welche die Eingeborenen mir machten, wahr sind. Wir sahen nur sechs Leichname; ein siebenter war offenbar in das Wasser gefallen, und ein paar Tage nachher wurde uns gemeldet, daß ein achter Leichnam bei einem oberhalb gelegenen Landungsplatz gestrandet sei – eine Frau, die entweder in den Fluß hineingeworfen oder hineingefallen war, nachdem sie einen Schuß erhalten."

Am 5. Dezember berichtet er:

„Vor einem Jahre streiften oder besuchten wir zwischen hier und Ikoko die folgenden Dörfer:

Wahrscheinliche Bevölkerung	
Lobwaka	250
Bosunga	100
Bokaka	200
Ituta	80
Boboko	250
Kenzie	150
Mosenge	150
Ngero	2.000
Zusammen	3.180

„Bei meinem Besuche vor einer Woche fand ich nur in Ngero Menschen und zwar nur zehn. Ikoko enthielt nur zwölf Leute außer den von Frank angestellten. Oberhalb Ikokos bestehen dieselben Verhältnisse."

Am 12. April 1895 schrieb er:

„Zu meinem Bedauern nehmen die Gumminotstände ihren Fortgang. Wir hören jede Woche über Kämpfe; mit den bewaffneten, disziplinlosen Soldaten finden häufig Zusammenstöße statt, sogar in unserem Dorfe .... Während der letzten zwölf Monate sind mehr Menschenleben zugrunde gegangen, als die Kriege der Eingeborenen zusammen mit ihrem Aberglauben innerhalb eines Zeitraumes von drei bis fünf Jahren gekostet haben würden. Die Leute selber ziehen diese Vergleiche. .. . Der Gedanke scheint unglaublich und gräßlich, daß diese wilden, bewaffneten Menschen losgelassen werden, Menschen zu jagen und zu töten, weil sie keinen Gummi beschaffen, um ihn dem Staate für ein bloßes Nichts zu verkaufen. Das Blut gerinnt vor Grauen, wenn man sieht, wie die Soldaten von ihren Jagden mit den Händen der Erschlagenen zurückkehren, unter denen sich als Beweis ihrer ‚Tapferkeit' auch die Hände junger Kinder neben denen der Erwachsenen befinden."

Und am 3. Mai 1895 schrieb er:

„Der Krieg findet des Gummi wegen statt. Der Staat verlangt, daß die Eingeborenen Gummi bereiten und dasselbe an die Agenten zu sehr niedrigem Preise verkaufen. Das ist den Eingeborenen nicht recht. Es bedeutet harte Arbeit und sehr schlechte Bezahlung, hält sie von ihrer Heimat fern und entführt sie in den Wald, wo sie sich sehr unsicher fühlen, da unter den Stämmen immer Feindlichkeiten bestehen … Der Gummiertrag hat hunderte von Menschenleben in diesem Distrikte gekostet, und die Szenen, die ich hier mitangesehen habe, ohne helfen zu können, haben beinahe in mir den Wunsch aufkommen lassen, selbst zu sterben. Die Soldaten sind Wilde, einige sind sogar Kannibalen, die im Gebrauch der Waffe ausgebildet worden sind. In vielen Fällen werden sie ohne Aufsicht fortgeschickt und handeln nach Beheben. Wenn sie in einen Ort kommen, ist niemandes Eigentum, niemandes Frau sicher. Wenn sie aber Krieg führen, sind sie Teufel.

„Malen Sie sich aus, wie sie von einem Kampfe gegen die ‚Rebellen' heimkehren: vorne an der Spitze des Canoe befindet sich ein Pfahl mit einem zusammengebündelten ‚Etwas' … Das sind Hände, rechte Hände von sechzehn ‚Kriegern', die sie erschlagen haben. ‚Kriegern'? Bemerken Sie nicht im Bündel die Hände kleiner Knaben und Mädchen? Ich habe sie gesehen! Ich habe gesehen, wie die ‚Trophäe' abgehackt wurde, während das arme Herz des Opfers noch stark genug schlug, um das Blut aus den zerschnittenen Arterien volle vier Fuß weit herausspritzen zu lassen.

„Einmal wurde hier ein kleines Baby gebracht. Die Mutter war gefangen und vor ihren Augen warf man das Kind in das Wasser, um es zu ertränken. Die Soldaten sagten mir und meiner Frau ganz kaltblütig, daß ‚ihr weißer Mann' nicht wolle, daß sie kleine Kinder brächten. Sie zerrten die Frau fort und ließen das Kind bei uns, aber wir schickten es der Mutter zurück und sagten, wir würden die Sache dem Befehlshaber des Postens melden. Wir taten es, doch die Leute wurden nicht bestraft. Dem hauptsächlichsten Schuldigen wurde in meiner Gegenwart gesagt, daß er fünfzig Hiebe erhalten würde, aber denselben Mund, der diese Drohung aussprach, hörte ich nachher den Befehl geben, den Mann nicht zu schlagen."

Mit diesen Berichten vergleiche man die nachfolgenden Auszüge aus dem Bulletin officiel des Königs Leopold, die sich auf dasselbe Landgebiet beziehen:

„Die Ausbeutung der Gummipflanzen dieses Distriktes wurde kaum vor drei Jahren von M. Fievez unternommen. Die erzielten Erfolge sind ohnegleichen. Der Distrikt produzierte im Jahre 1895 mehr als 650 Tonnen Gummi, welches per Kilo für etwa zwanzig Pfennige gekauft (sic!) und in Antwerpen für etwa sechs Mark verkauft wurde.“ Eine weitere offizielle Mitteilung lautet: „Mit der Entwickelung allgemein geordneter Zustände ist eine unvermeidliche Verbesserung der Lebensbedingungen des Eingeborenen verbunden, wo immer er mit europäischen Elementen in Verbindung kommt.... Eins der Ziele der allgemeinen Politik des Staates ist die Förderung der Wiedergeburt der Rasse dadurch, daß dem Eingeborenen eine höhere Vorstellung von der Notwendigkeit der Arbeit eingepflanzt wird.“ –

Wahrlich, ich kenne in der Geschichte nichts, was den Vergleich mit diesen Dokumenten aufnehmen könnte. Räuber und Banditen sind niemals zu dieser Tiefe gräßlicher Heuchelei herabgesunken. Einzig steht sie da – ungeheuerlich in ihrem Schrecken, ungeheuerlich in ihrer Frechheit.

Aber wir wollen dem Herrn Clark noch für einige weitere Mitteilungen das Wort geben; er schreibt an Müller, den Chef des Distriktes:

„Ich möchte Ihnen eine Angelegenheit betreffs der Nkake-Wachen melden. Wie Sie sich erinnern werden, nahmen diese Leute vor einiger Zeit elf Kanoes und erschossen einige Bewohner von Ikoko. Als Beweis ihrer Tat brachten sie Ihnen Hände, unter denen sich diejenigen dreier kleiner Kinder befanden. Von einem der Ruderer hörten wir, daß das eine Kind nicht tot war, als ihm die Hand abgeschnitten wurde; aber wir glaubten der Erzählung nicht. Drei Tage später wurde uns gemeldet, das Kind liege noch lebend im Busch. Ich schickte vier meiner Leute aus; sie brachten mir ein kleines schwarzes Mädchen, dessen rechte Hand abgeschnitten war. Man hatte sie im Busche liegen lassen, um dort zu verrecken. Das Kind hatte keine andere Wunde. Da ich Dr. Reusens wegen meiner eigenen Krankheit konsultieren mußte, nahm ich das Kind mit mir; er hat den Arm zurechtoperiert und ich glaube, daß das Mädchen am Leben bleiben wird. Aber eine so gräßliche Grausamkeit sollte bestraft werden.“

Herr Clark klammerte sich noch an die vergebliche Hoffnung, daß König Leopold über die Resultate seines eigenen Systems in Unwissenheit sei. Am 25. März 1896 schrieb er:

„Dieser Gummihandel ist in Blut getaucht, und wenn die Eingeborenen sich erhöben und jeden weißen Menschen am oberen Congo in die Ewigkeit beförderten, so wäre noch ein ungeheuerlich großes Guthaben zu ihren Gunsten vorhanden. Ist es denn keinem einflußreichen Amerikaner möglich, dem König der Belgier persönlich mitzuteilen, was in seinem Namen geschieht? Der See ist für den König reserviert; Händler sind nicht erlaubt und hunderte von Männern, Frauen und Kindern sind wegen des Gummis erschossen worden."

Zuletzt erhoben sich die Eingeborenen, unfähig, das Joch länger zu ertragen. Wer kann seine Freude darüber unterdrücken, daß sie scheinbar einigen Erfolg hatten? Nachfolgende Auszüge beginnen mit dem 29. Januar 1897:

„Der Aufstand der Eingeborenen kam schließlich dadurch zustande, daß Posten einen hervorragenden Häuptling beraubten und mißhandelten. In meiner Gegenwart beschwerte er sich bei Herrn Müller, indem er von dem Raube seiner Frauen und Güter und von den Mißhandlungen berichtete, die ihm durch die in seinem Orte stationierten Soldaten des Herrn Müller widerfahren waren. Ich sah, wie Herr Müller den Häuptling von seiner Veranda herabstieß. Innerhalb achtundvierzig Stunden gab es in dem Orte dieses Häuptlings keine „Posten" oder Anhänger derselben – sie waren getötet worden, und bald darauf wurde auch Herr Müller mit einem anderen weißen Beamten und vielen Soldaten getötet. Dann begann der Aufstand."

So lautet das von Herrn Clark angeführte Beweismaterial, von dem ich oben nur einen sehr kleinen Teil wiedergegeben habe. Es ist einer langen Reihe von Briefen entnommen, die Herr Clark im Laufe der Jahre an verschiedene Leute geschrieben hat. Man könnte vermuten, daß eine vereinzelte derartige Aussage eine zusammengebraute Lüge sei, aber auch der findigste Schönfärber und Anwalt der Congo-Methoden müßte zugestehen, daß ein derartiges Dokument nicht anders als wahr sein kann.

Soviel über den Amerikaner Herrn Clark. Die Aussagen des Engländers Scrivener, welche so ziemlich dasselbe Gebiet und dieselbe Zeit betreffen, sollen später folgen. Damit diese Angaben jedoch nicht eine allzu anglosächsische Färbung erhalten, will ich zunächst einen Franzosen zu Worte kommen lassen, Herrn Leon Berthier, dessen Tagebuch von dem Kolonial-Institut zu Marseilles im Jahre 1902 veröffentlicht wurde:

„Belgischer Posten von Imesse gut gebaut. Der Kommandeur ist abwesend. Er ist fortgegangen, um das Dorf M'Batchi zu bestrafen, das beschuldigt ist, mit der Zahlung der Gummisteuer ein wenig im Rückstande zu sein … Ein Kanoe mit Congo-Staats-Soldaten kehrt von der Plünderung von M'Batchi zurück. Dreißig getötet, vierzig verwundet … Um drei Uhr Ankunft in M'Batchi, der Szene der blutigen durch den Kommandanten von Imesse vollzogenen Strafe. Armes Dorf! … Ruinen elender Hütten! … Man geht von diesem Schauplatz der Verwüstung gedemütigt und herzenstraurig fort, angefüllt mit unbeschreibbaren Gefühlen!"

Um die Dauer des Congo-Schreckens und die regelmäßige Aufeinanderfolge der Verbrechen zu zeigen, habe ich die Zeugen in ihrer zeitlichen Folge vorgeführt. Und gerade diese lange Dauer gereicht den Mächten zur Schande,, weil sie durch ihr Stillschweigen zugestimmt haben. Die Herren Glave, Murphy und Sjoblom haben aus der Zeit von 1894 bis 1897 berichtet; Herr Clark hat den Bericht bis 1900 fortgeführt; die Ereignisse zwischen 1901 und 1904 haben sich aus den Verhandlungen der Boma-Gerichtshöfe ergeben. Jetzt werde ich die Erfahrungen des Herrn Scrivener folgen lassen, eines englischen Missionars, der im Juli, August und September 1903 einen Teil der Krondomäne durchquerte, und zwar das für König Leopold persönlich reservierte Gebiet, in welchem schon Herr Clark jahrelang so gräßliche Erfahrungen gemacht hatte. Wir werden sehen, inwieweit die unabhängig abgegebenen Aussagen des Engländers und des Amerikaners sich gegenseitig bekräftigen. Die einen entstammen einem Tagebuche, die anderen einer Reihe von Briefen:

„Als ich um sechs Uhr morgens aufwachte, regnete es noch. Der Regen dauerte bis neun, und um elf konnten wir aufbrechen. Alles Kassava-Brot war am Tage vorher aufgebraucht worden, und es wurde deshalb ein wenig Reis gekocht, aber eine hungrige Schar verließ das kleine Dorf. Ich versuchte, etwas über die Leute ausfindig zu machen. Sie sagten, daß sie aus einem Distrikte in der Nähe fortgelaufen seien, wo Gummi gesammelt wird. Sie erzählten gräßliche Dinge von Mord und Hungersnot, und als wir alles gehört hatten, wunderten wir uns, daß so mißhandelte Menschen imstande sind, weiter zu leben, ohne Rache zu nehmen. Die Knaben und Mädchen waren nackend, und ich gab jedem von ihnen einen Streifen Kaliko, sehr zu ihrem Erstaunen .

„Ein Marsch von viereinhalb Stunden brachte uns zu einem Orte, namens Sa … Auf dem Wege kamen wir durch zwei Dörfer, in denen mehr Leute waren, als wir tagelang gesehen hatten, ungefähr 120. In der Nähe des Postens befand sich eine andere kleine Ortschaft. Wir beschlossen, dort den Rest des Tages zu verweilen. Drei Häuptlinge kamen mit allen Erwachsenen ihrer Gefolgschaft, und trotzdem zählten sie zusammen nicht 300. Dabei hatten hier vor sechs oder sieben Jahren mindestens 3.000 gelebt! Das Herz wurde einem schwer bei der Kunde von Bluttaten und Grausamkeit. Und wie töricht scheint dies alles. Die Leute massenhaft in dieser Weise im Seedistrikt abzuschlachten, weil sie nicht genug Gummi bringen, um den weißen Mann zufrieden zu stellen! Jetzt ist hier ein leeres Land und als unvermeidliche Folge ein sehr verringerter Ertrag an Gummi ..."

Zuletzt gelangte Herr Scrivener in die Nähe einer großen Staatsstation. Er wurde gastfreundlich aufgenommen und hatte mit seinem Wirt viele Gespräche, der anscheinend ein gutherziger Mann war und unter sehr schwierigen Verhältnissen sein Bestes tat. Sein Vorgänger hatte in dem Lande unberechenbaren Schaden angerichtet, aber der gegenwärtige Machthaber bemühte sich, die ihm auferlegten Pflichten (d. h. den Befehl, so viel Gummi wie möglich aus den Leuten herauszupressen) mit so großer Menschlichkeit zu erfüllen, als seine Aufgabe irgend zuließ. Er hatte jedoch infolgedessen nichts anderes erreicht, als sich mit seinem Distrikt-Kommandeur zu überwerfen. Er zeigte Herrn Scrivener einen Brief, in welchem ihm der Kommandeur- darüber Vorwürfe machte, daß er nicht gewalttätiger vorgehe, ihm anbefahl, weniger zu reden und mehr zu schießen, und ihn dafür tadelte, daß er in einem seiner Distrikte bei einer kleinen Unruhe nur einen Mann getötet habe.

Während Herr Scrivener hier verweilte, hatte er Gelegenheit, tatsächlich das Verfahren zu beobachten, vermittels dessen die geheimen Einkünfte der Krondomäne erzielt werden. Er sagt:

„Alles beruhte auf militärischer Basis, aber soweit ich sehen konnte, war der eine und einzige Grund für alles: Gummi. Es bildete das Thema jeglichen Gespräches, und es war klar, daß das einzige Mittel, die Gunst der Vorgesetzten zu erwerben, darin bestand, den Ertrag irgendwie zu vermehren. Ich sah ein paar Leute herbeikommen, und der Ausdruck der Furcht, der sogar jetzt noch auf ihren Gesichtern lag, sprach nur zu beredt von den gräßlichen Erfahrungen, die sie durchgemacht hatten. Jeder trug einen kleinen Korb, der etwa vier oder fünf Pfund Gummi enthielt. Der Korb wurde in einen größeren geleert, gewogen, und, wenn das Gebrachte genügte, erhielt der Mann einen Tassenkopf rohen Salzes und einige der Hauptleute erhielten ein Stück Kaliko ... Ich hörte von den Weißen und einigen Soldaten ganz grausige Geschichten. Der frühere Chef (ich schäme mich meiner weißen Farbe, sobald ich an ihn denke) pflegte an der Türe des Magazins zu stehen, um das Gummi von den armen, zitternden Wichten in Empfang zu nehmen, die manchmal nach wochenlangen Entbehrungen im Walde sich endlich mit dem gesammelten Gummi vorgewagt hatten. Wenn die Quantität etwas unter der vorgeschriebenen blieb, geriet der weiße Mann in Wut, nahm einem Posten die Flinte ab und schoß den armen Wicht auf der Stelle tot. Sehr selten fand eine Ablieferung von Gummi statt, ohne daß einer oder mehrere an dem Tore des Magazins niedergemetzelt wurden: ‚damit die Überlebenden das nächste Mal mehr Gummi brächten'. Männer, die versucht hatten, aus dem Gebiete zu entfliehen und gefangen worden waren, wurden zur Station gebracht und hintereinander aufgestellt. Eine Albini-Kugel wurde durch alle zusammen geschickt. ‚Es ist schade, an solchen Wichten Patronen zu verschwenden.' … Nur die Wege, welche die verschiedenen Posten verbinden, werden offen gehalten, und große Strecken werden den wilden Tieren überlassen. Der weiße Mann selbst sagte mir, daß man fünf Tage lang in einer Richtung wandern könne, ohne ein einziges menschliches Wesen oder gar ein Dorf zu sehen. Und hier lebte früher ein zahlreicher Stamm …

„Als nach und nach die überlebenden Verwandten meiner Leute ankamen, ereigneten sich einige ergreifende Szenen. Kein Umarmen und Weinen, aber wahrhaft empfundene ehrliche Freude und Tränen über den Verlust der Toten. Wie sie sich die Hände schüttelten und welche Ausdrücke der Überraschung – der weit geöffnete Mund, den sie mit der Hand bedeckten, um ihre Verwunderung desto deutlicher hervortreten zu lassen! … Der Staatsposten war in sehr verfallenem Zustande … An drei Seiten des üblichen ungeheuren Vierecks waren reichliche Anzeichen einer früheren Bevölkerung. Wir fanden aber nur drei Ortschaften, allerdings größer als alle, die wir bisher gesehen hatten, jedoch in traurigem Grade zusammengeschrumpft im Vergleiche zu den noch vor kurzer Zeit bestehenden Zuständen … Wir begannen bald, uns zu unterhalten und ohne Aufforderung meinerseits erzählten sie mir die Geschichten, an die ich nun schon gewöhnt war. Sie lebten in Ruhe und Frieden, als der weiße Mann vom Flusse her mit allen möglichen Forderungen kam, so daß sie meinten, es bedeute Sklaverei. Sie versuchten deshalb, den weißen Mann von ihrem Lande fern zu halten, aber ohne Erfolg. Die Flinten waren ihnen zuviel. Sie fügten sich deshalb und beschlossen, gute Miene zum bösen Spiel zu machen und die veränderten Umstände zu ertragen, so gut es ging. Zuerst kam der Befehl, für die Soldaten Häuser zu bauen, und sie gehorchten, ohne zu murren. Dann wurde ihnen aufgegeben, die Soldaten zu füttern nebst allen Männern und Frauen, die ihre Gefolgschaft ausmachten.

„Dann aber kam der Befehl, Gummi herbeizuschaffen. Das war für sie eine ganz neue Beschäftigung. Mehrere Tagereisen entfernt war Gummi im Walde, aber daß es irgend einen Wert hatte, war ihnen neu. Eine kleine Belohnung wurde versprochen, und man hastete zum Gummi. ‚Was doch die weißen Männer für sonderbare Leute sind, daß sie uns Tuch und Perlen für den Saft einer wilden Pflanze geben!‘ Sie freuten sich ihres anscheinenden guten Glückes. Aber bald wurde die Belohnung vermindert, bis man ihnen befahl, das Gummi umsonst abzuliefern. Sie versuchten dagegen zu murren, aber zu ihrem großen Erstaunen wurden mehrere von den Soldaten niedergeschossen und den übrigen gebot man unter Flüchen und Schlägen, sich sofort auf die Suche zu begeben, wenn sie nicht getötet sein wollten. Voller Schrecken begannen sie Proviant für ihre vierzehntägige Abwesenheit vom Dorfe zu bereiten, als sie von den Soldaten aufgestöbert wurden. ‚Was? Noch nicht fort?‘ Und bang! bang! bang! knallte es. Einer nach dem anderen fiel tot nieder in der Mitte der Frauen und Genossen. Ein furchtbares Klagegeheul entstand und man versuchte, die Toten für das Begräbnis vorzubereiten. Aber das wurde nicht erlaubt. Fortgetrieben wurden die armen Wichte, ohne einmal Zeit zu haben, ihre Zündbüchsen mitzunehmen, um Feuer zu machen. Viele starben im Walde vor Hunger und Kälte, aber eine noch größere Zahl ging als Opfer der Flinten der wilden Soldaten zugrunde. Trotz all ihrer Mühen schrumpfte die Bevölkerung zusammen, denn mehr und mehr wurden gemordet.

„Man führte mich umher und zeigte mir die Stellen, wo früher die Niederlassungen bedeutender Häuptlinge gewesen waren. Nach sorgfältiger Schätzung lebten hier vor sieben Jahren innerhalb eines Radius von einer viertel englischen Meile etwa zweitausend Menschen. Wenn man sie heute zählte, so würde man nicht ganz zweihundert zusammenbringen können. Unter ihnen herrscht so viel Jammer und Traurigkeit, daß auch sie schnell dahinsterben … Rings um das Haus, in welchem ich wohnte, lagen in einer Entfernung von wenigen Metern im Grase menschliche Knochen, ja sogar einige vollständige Skelette. Ich zählte 36 Schädel und sah viele Knochengerüste, deren Schädel fehlten. Ich bat einen der Leute, mir diesen Umstand zu erklären. ‚Als die Gummischwierigkeiten begannen‘, sagte er, ‚töteten die Soldaten so viele, daß wir müde wurden, sie zu begraben, namentlich da das Begräbnis uns auch sehr oft nicht gestattet wurde. Deshalb schleppten wir die Leichname einfach zum Gras und ließen sie dort. Hunderte von ihnen liegen überall umher, wenn Sie sie sehen wollen.‘ Aber ich hatte mehr als genug gesehen und war angeekelt von den Erzählungen der Männer und Frauen über ihre gräßlichen Erlebnisse. Die bulgarischen Greuel sind im Vergleich mit den hiesigen Geschehnissen die Zahmheit selbst.

„Nach einiger Zeit erreichten wir Ibali … Im ganzen Ort war kaum ein Haus verschont … Warum solche Verwüstung? Der Kommandant war auf einer Reise abwesend, die wahrscheinlich drei Monate in Anspruch nehmen würde, und der Unterleutnant führte in anderer Richtung eine Strafexpedition. Mit anderen Worten, die Station mußte vernachlässigt werden, um die Jagd nach Gummi mit aller Kraft durchführen zu können. Ich blieb hier zwei Tage, und der einzige Anblick, der sich mir hier aufdrängte, war das Sammeln von Gummi. Wie in Mbongo sah ich lange Reihen von Männern kommen, mit ihren kleinen Körben unter den Armen, sah, wie man ihnen ihr kleines Maß Salz auszahlte, und wie man dem Häuptling zwei Meter Kaliko zuwarf; ich sah ihr Zittern und Zagen und noch viel mehr, das den bestehenden Terrorismus bewies und sah die tatsächliche Sklaverei, in der sie lebten.

„So viel von meiner Reise nach dem See. Sie hat meine Kenntnis vom Lande bereichert, aber auch, oh. Gott! meine Kenntnis von den gräßlichen Taten, deren der Mensch in seiner wahnsinnigen Jagd nach Reichtum fähig ist. So viel ich weiß, bin ich mit Ausnahme der Angestellten des Staates der erste weiße Mann, der die Domaine Privée des Königs betreten hat. Ich erwarte, daß gewisse Kreise wütend sein werden, aber das läßt sich nicht ändern."

Soweit die Aussage des Herrn Scrivener. Aber vielleicht argwöhnt der Leser, daß unter den Missionaren eine Verschwörung existierte, um den Congo-Freistaat in der öffentlichen Meinung herabzusetzen. Wir wollen also einige Forschungsreisende anführen. Herr Grigan in seiner Schrift „Vom Kap nach Kairo" sagt: „Die Leute wurden terrorisiert und lebten in den Sümpfen" (an der britischen Grenze). „Die Belgier haben die Grenze überschritten, sind in das Tal hinabgestiegen, haben große Mengen der Eingeborenen erschossen, britische Untertanen, haben junge Frauen und Vieh fortgeführt und haben tatsächlich alte Frauen gebunden und verbrannt. Ich mache diese Angaben nicht leichtsinnig, ohne sie geprüft zu haben. Mir fiel die Abwesenheit der Frauen auf und ich hörte den Grund. Bei weiterem Nachforschen versicherten mir die Eingeborenen, daß weiße Männer bei dem Verbrennen der Frauen zugegen gewesen waren … Sie beschrieben mir sogar das Äußere der weißen Offiziere, die die Soldaten führten … Die unglücklichen Leute kamen zu mir und frugen, warum die Briten sie denn verlassen haben … Jedes Dorf war zum Boden niedergebrannt, und wie ich dem Lande entfloh, sah ich Skelette, überall Skelette. Und in was für Stellungen! Welch entsetzliche Geschichten sie erzählten!"

Zum Schluß ein Wort von einem anderen Zeugen, Herrn Herbert Frost: „Die Macht eines bewaffneten Soldaten unter diesen geknechteten Menschen ist vollständig unbeschränkt. Seine Befehle, Wünsche und Launen müssen von jedem Kind und jedem Häuptling befolgt und erfüllt werden. Auf seinen mit der Büchse im Anschlag gegebenen Befehl wird der Mann seine eigene Schwester vergewaltigen, dem Verfolger sein liebstes Weib preisgeben, wird alles tun oder sagen, nur um sein Leben zu retten. Die Leiden und Sorgen der von König Leopold zur Sklaverei gezwungenen Rasse sind nicht geringer geworden, denn seine Kommissare, Offiziere und Agenten haben ein System der Teufelei eingeführt und erhalten, von dem seine Opfer bisher nichts ahnten."

Scheint alles dies entsetzlich? Aber klingt nicht im Angesichte dieser Tatsachen ein Satz wie der nachfolgende noch entsetzlicher?:

„Unser einziges Programm – ich trage Sorge, dies zu wiederholen – ist das Werk moralischer und materieller Wiedergeburt, und wir müssen diese Aufgabe unter einer Bevölkerung erfüllen, deren Tiefe der Entmenschung unter den ererbten Lebensbedingungen nur schwer ermeßlich ist. Die vielen Greuel und grausamen Gebräuche, welche die Menschheit schänden, weichen nach und nach vor unserem Einfluß."

Es ist König Leopold, der diese Worte spricht.

VII. Der Bericht des Konsul Roger Casement

Die bisher wiedergegebenen Berichte über die Schandtaten des Königs Leopold und seiner Leute stammten mit Ausnahme eines vorsichtigen, von Konsul Pickersgill aus dem Jahre 1898 herrührenden Dokumentes, ausschließlich von Privatpersonen. Zweifellos waren offizielle Informationen vorhanden, aber die Regierung verheimlichte sie. Im Jahre 1904 jedoch wurde diese Politik der Zurückhaltung aufgegeben, und der historische Bericht des Konsul Roger Casement bestätigte oder erweiterte sogar alle Nachrichten, die aus anderen Quellen nach Europa gedrungen waren.

Ein paar Worte über Konsul Casements eigene Persönlichkeit und Qualifikationen mögen am Platze sein, da sie von Belgien aus angegriffen worden sind. Er ist ein erprobter und erfahrener Diener des Staates, dem außerordentliche Gelegenheiten zur Verfügung standen, Afrika und die Eingeborenen kennen zu lernen. Im Jahre 1892 trat er in den Konsulardienst, amtierte am Niger bis 1895, war Konsul in Delagoa-Bay bis 1898 und wurde schließlich nach dem Congo versetzt. Er ist ein Mann von hochstehenden Charaktereigenschaften, wahrheitsliebend, selbstlos, von allen, die ihn kennen, hochgeachtet. Seine Erfahrungen bezüglich der „Krondomänen" im Jahre 1903 umfassen 62 Seiten des Weißbuches Afrika Nr. 1, 1904. Ich brauche die Länge der Auszüge nicht zu entschuldigen, da diese erste öffentliche Bloßstellung ein historisches Dokument bildet. Seine Veröffentlichung bedeutet den ersten Markstein in der Reihe der Ereignisse, welche sicherlich dazu bestimmt sind, den Congo-Staat aus den Händen zu nehmen, die sich so unwürdig erwiesen haben und Verhältnisse herzustellen, die nicht länger eine Schande für die europäische Zivilisation sein werden. Zum Eingange mag noch bemerkt werden, daß bei einigen der wiedergegebenen Gespräche mit den Eingeborenen Herr Scrivener anwesend war, und daß er die von dem Konsul gegebene Schilderung bestätigt.

Der Anfang des Berichtes zeigt, wie bereit Herr Casement war, dort zu loben, wo Lob möglich war, und alles zum Vorteil der Verwaltung anzuführen, was angeführt werden konnte. Er spricht von „energischer europäischer Intervention" und fügt hinzu: „Niemand, der früher mit den Verhältnissen des oberen Congo vertraut war, konnte daran zweifeln, daß diese europäische Intervention zum großen Teile berechtigt gewesen" ... „Wunderbar gebaute und instand erhaltene Stationen grüßen den Reisenden an vielen Stellen." „Heutzutage arbeitet der Eisenbahnbetrieb ganz vorzüglich." Casement erwähnt die Schlafkrankheit als „eine der Ursachen, daß menschliches Leben so massenhaft zugrunde zu gehen scheint, wie ich es überall in den wieder besuchten Gegenden bemerkte. Jedenfalls führen die Eingeborenen ihre erschreckende Sterblichkeit teilweise auf diese Ursache zurück, obgleich sie die hauptsächlichste Schuld ihres rapiden Hinsterbens, wie ich glaube, anderen Gründen zuschreiben."

Die Regierungswerkstätte zeigte „freundliches Aussehen, Sorgfalt, Ordnung und Rührigkeit, und es war unmöglich, den Fleiß, der diese nützliche Stätte geschaffen und in dauernder Ordnung erhalten hatte, nicht zu bewundern."

So spricht kein Kritiker, der seine Arbeit mit Vorurteilen beginnt oder mit dem Wunsche, eine Anklage zustande zu bringen.

In den unteren Niederungen des Flusses oberhalb Stanley Pool fand Casement keine besonders grausame Behandlung der Eingeborenen vor. Doch lebten die Eingeborenen ohne Hoffnung und waren stumpf, da man sie vom Handel ausgeschlossen und ihnen schwere Steuern an Nahrung, Fischen und anderen Produkten auferlegt hatte. Erst als er sich der fluchbeladenen Gummizone näherte, begann ihm eine Ahnung schrecklicher Dinge aufzudämmern. Casement war im Jahre 1887 im Congo-Land gereist, und war jetzt von der Furchtsamkeit der Eingeborenen überrascht. Bald jedoch kam ihm die Aufklärung:

„Als ich in einer dieser Ortschaften das Vertrauen der Eingeborenen hergestellt und sie bewogen hatte, aus dem benachbarten Walde hervorzukommen, wo sie sich versteckt hielten, sah ich, wie die zurückkehrenden Frauen ihre Säuglinge, ihre Hausgeräte und sogar die Nahrungsmittel trugen, die sie in der Hast aufgegriffen hatten. Ich traf einige dieser heimkehrenden Frauen in den Feldern und frug sie, warum sie bei meiner Ankunft geflohen seien. Sie antworteten lächelnd: ‚Wir glaubten, Ihr wäret ‚Bula Matadi' (Leute der Regierung).' Eine derartige Furcht war früher am Congo unbekannt, und sogar in Gegenden, die viel weiter vom Wege lagen, liefen die Leute von allen Seiten zusammen, um den weißen Fremden zu begrüßen. Aber heute gibt das Erscheinen eines Dampfers des weißen Mannes das Signal zu sofortiger Flucht.

„.... Männer, erzählte er, deren Hände in diesen bösen Tagen von den Soldaten der Regierung abgeschnitten worden waren, kämen immer noch zu ihm, und in dem benachbarten Gebiete seien, wie er sagte, noch viele Opfer dieser Art der Verstümmelung. Zwei solche Fälle kamen während meines Aufenthaltes am See zu meiner persönlichen Kenntnis. Der eine war ein junger Mann, dessen beide Hände mit dem Kolbenteile der Flinte zerschmettert worden waren, der andere ein Bursche von elf oder zwölf Jahren, dessen rechte Hand am Gelenk abgeschnitten worden war. Dieser Knabe beschrieb die Umstände seiner Verstümmelung. Auf meine Fragen sagte er, daß er zwar verwundet, doch bei vollem Bewußtsein gewesen sei, als ihm die Hand abgehackt wurde. Aber er habe still gehalten, da er gefürchtet habe, daß man ihn töten würde, wenn er eine Bewegung mache. In diesen beiden Fällen waren die eingeborenen Soldaten von weißen Offizieren begleitet, deren Namen mir genannt wurden. Von sechs Eingeborenen (einem Mädchen, drei kleinen Knaben, einem jungen Manne und einer alten Frau), die in dieser Weise während des Gummiregime verstümmelt wurden, waren zur Zeit meines Besuches alle tot mit Ausnahme einer einzigen Person. Die alte Frau war im Anfange dieses Jahres gestorben, und ihre Nichte beschrieb mir, wie man an ihr die Verstümmelung vollzogen hatte.“

Die Strafen, welche für geringe Vergehen den Dörfern auferlegt wurden, hatten folgende Wirkungen:

„Darauf hatte der Offizier eine weitere Strafe von 55.000 Messingstäben (2.750 Fr.) auferlegt. Sie waren zur Zahlung dieser Summe gezwungen worden, und da sie einen so großen Betrag nicht anders aufbringen konnten, mußten sie ihre Kinder und Frauen verkaufen. Ich sah in W– kein lebendes Haustier irgendeiner Art, mit Ausnahme einzelner Stück Geflügel, wohl kaum ein Dutzend. Es schien nicht unwahrscheinlich, daß die Leute, wie sie versicherten, immer nur mit großer Schwierigkeit ihre Auflagen zusammenbringen konnten. Ein Vater und eine Mutter sagten, sie wären gezwungen gewesen, ihren Sohn für 1.000 Stäbe zu verkaufen, um ihren Anteil an der Strafe zu leisten. Eine Witwe klagte, daß sie zu demselben Zwecke ihre Tochter habe verkaufen müssen, ein kleines Mädchen, das nach der Beschreibung im Alter von etwa zehn Jahren stand. Sie wurde einem Manne in Y., der mir genannt wurde, für 1.000 Stäbe übergeben, und der Betrag machte dann die Strafsumme voll.“

Diese Behandlung brach den Lebensgeist der Eingeborenen.

„Einer von ihnen, ein starker Mann von prächtigem Aussehen, brach zusammen und weinte und klagte, daß ihr Leben wertlos für sie sei und daß sie keinen Ausweg wüßten, um den drohenden Sorgen zu entgehen. Ich konnte diesen Leuten nur versichern, daß sie, um Hilfe zu erhalten, den selbstverständlichen Weg wählen müßten, sich an ihre eigenen Behörden zu wenden. Ich vertraute und hoffte, ihnen würde einige Genugtuung werden, sobald die für die Strafen verantwortlichen Behörden einen klaren Blick über die Verhältnisse der betroffenen Eingeborenen gewonnen hätten."

Wir müssen besonders hervorheben, daß diese Strafen völlig ungesetzlich waren. Der Offizier, nicht der arme, geplagte Eingeborene war es, der gegen das Gesetz verstieß.

„Man muß bedenken, daß diese Strafen ungesetzlich sind. Sie sind keine gerichtlichen Strafen, werden nicht verhängt nach gerichtlicher Untersuchung oder wegen irgend eines erwiesenen Vergehens gegen das Gesetz; sie werden vielmehr ganz willkürlich auferlegt, je nach der Laune oder dem bösen Willen der Verwaltungsbeamten des Distrikts, und ihre Eintreibung ebenso wie ihre Auferlegung bedingen dauernde Verfehlungen gegen die Gesetze des Congo. Ferner: sie werden in der Abrechnung über die öffentlichen Einnahmen in dem Congo-Budget nicht erwähnt, sie werden dem öffentlichen Schatze des Landes nicht überwiesen, sondern werden für die Bedürfnisse der Station oder des militärischen Lagers des Offiziers, der die Strafen auferlegt, verwandt, ganz nach Gutdünken dieses Beamten." Das folgende Begebnis ist bezeichnend: „Als ich mich am oberen Flusse befand, hatte eine der größten privilegierten Congo-Gesellschaften an ihre Direktoren das Ersuchen um weitere Sendung von Kugelpatronen gerichtet. Die Direktoren beantworteten das Gesuch mit der Frage, was denn aus den 72.000 Patronen geworden sei, die vor drei Jahren gesandt worden seien. Die Antwort war: die Patronen seien alle bei der Produktion von Gummi verbraucht worden. Ich habe die Korrespondenz nicht selbst gesehen und kann nicht für die Wahrheit der Geschichte bürgen, aber der Offizier, der mir sagte, er habe die Korrespondenz mit eigenen Augen gesehen, bekleidete im Innern des Landes eine der höchsten Stellungen." Eine andere Zeugenaussage zeigte das genaue Verhältnis zwischen Patronen und Gummi:

„,Die S. A. B. am Bussira, mit 150 Flinten, erzielen nur zehn Tonnen Gummi im Monat. Wir, der Staat, mit 130 Flinten, erzielen dreizehn Tonnen im Monat.'

,Also Sie rechnen nach Flinten?' frug ich ihn. ,Partout', erwiderte M. P. ,Jedesmal, wenn der Korporal fortgeht, um Gummi zu holen, werden ihm Patronen mitgegeben. Er muß alle zurückbringen, die nicht gebraucht worden sind; und für jede, die gebraucht wurde, muß er eine rechte Hand vorweisen.'

M. P. sagte mir, daß die Leute manchmal eine Patrone für einen

Schuß auf der Jagd nach einem Tiere verbrauchen. Dann schneiden sie einem lebenden Manne die Hand ab. Über die Häufigkeit solcher Vorkommnisse sagte er mir, daß sie, der Staat, in sechs Monaten am Momboyo-Fluß 6.000 Patronen gebraucht haben, das heißt also: 6.000 Menschen sind getötet oder verstümmelt worden. Aber die Zahl bedeutet mehr als 6.000 Menschenleben, denn man hat mir wiederholt erzählt, daß die Soldaten Kinder mit den Kolben ihrer Flinte töteten."

Die Wahrheit der Behauptung, daß lebenden Menschen die Hände abgehauen werden, wird vollauf durch den Kodak bestätigt, denn ich habe Photographien von mindestens zwanzig in dieser Weise verstümmelten Negern in meinem Besitze. Hier erwähne ich den Erlaß eines Beamten, den ich in seiner ganzen Ungeniertheit wörtlich wiedergebe:

„Le chef de Wangata est envoyé dans la Maringa, pour m'y acheter des esclaves. Prière à M. M. les agents de l'A.B.I.R. de bien vouloir me signaler les méfaits que celui-ci pourrait commettre en route.

Le Capitaine-Commandant (Signé) „Sarrazzyn". Colquilhatville, le Ier Mai 1896."

Das ist eine ziemlich gute Leistung für einen Staat, der sich rühmt, den Sklavenhandel unterdrückt zu haben.

In dem Berichte Casements befindet sich eine Stelle, die so klar und unbestreitbar zeigt, wie das Gummisystem arbeitete, daß ich sie ungekürzt wiedergeben will:

„Ich ging in die Heimstätten dieser Leute einige Meilen von hier und erkundigte mich nach ihren Verhältnissen. Um Gummi zu holen, müssen sie zunächst einen Weg von vollen zwei Tagen zurücklegen, müssen ihre Frauen zurücklassen und fünf bis sechs Tage fortbleiben. Bis zu dem Rande der Wälder befinden sie sich unter Bewachung, und wenn sie am sechsten Tage heimgekehrt sind, droht Unheil. Um aber das Gummi in den gewöhnlich sehr sumpfigen Wäldern zu gewinnen, ist mühevolles und oft fruchtloses Suchen nach einer gut fließenden Rebe notwendig. In demselben Maße, in welchem das Gummi liefernde Gebiet zusammenschrumpft, wird die Nachfrage andauernd größer. Vor kurzer Zeit hörte ich, daß das Bongandanga-Gebiet monatlich sieben Tonnen Gummi liefere, und daß man hoffe, es bald auf zehn Tonnen zu bringen. Die von den drei Männern, welche ich augenblicklich im Sinne habe, beschaffte Quantität Gummi hätte zusammen sicherlich nicht weniger als sieben Kilo reinen Gummis betragen. Diese Schätzung ist durchaus berechtigt ; nimmt man das Kilo durchschnittlich zu

7 Fr. an, so ergibt sich, daß sie Gummi im Werte von etwa 40 Mark beibrachten. Als Entschädigung für diese Arbeit oder Auflage hatten sie Waren empfangen, die sicherlich weniger als 1 Mark kosten und deren örtliche Bewertung 45 Rods beträgt, d. h. etwa 1,80 Mark. Da dieser Vorgang sich 26 mal im Jahre wiederholt, würden sie also am Ende desselben Material im Werte von etwa 1.040 Mark der lokalen Fabrik abgeliefert und dafür Waren im Werte von etwa 25 Mark empfangen haben, die einen örtlichen Marktwert von etwa 28 Mark besitzen. Wenn sie aber bei gleicher Arbeitsleistung nicht imstande waren, eine genügende Ausbeute an Gummi zusammenzubringen, so drohte ihnen das Ortsgefängnis. Überall versicherten mir die Leute, daß sie unter diesem System nicht glücklich seien. Sie sprachen offenbar die Wahrheit."

Auch die folgende Bemerkung beweist, daß Casement durchaus nicht ein böswilliger Kritiker war:

„Es ist nur gerecht, zu erwähnen, daß der gegenwärtige Agent der A.B.I.R.-Gesellschaft, den ich in Boganda sah, unter sehr schwierigen und verwickelten Verhältnissen versuchte – soweit ich beurteilen kann – die Übel des bestehenden Systems möglichst zu verringern, insofern es seine Pflichten zuließen."

Bei der Erwähnung der Mongalla-Massacres, in welchen Lothaire verwickelt war, zitiert er aus dem Urteil des Appellationsgerichtes:

„... Es muß in Erwägung gezogen werden, daß .... die Leiter der konzessionierten Gesellschaft, wenn nicht durch formelle Befehle, so doch durch Beispiel und Duldung, ihre Agenten verleitet haben, Rechte, Eigentum und Leben der Eingeborenen nicht im geringsten zu berücksichtigen, ferner, Waffen und Soldaten, welche zu ihrer Verteidigung und Aufrechterhaltung der Ordnung hätten dienen sollen, zu gebrauchen, um die Eingeborenen zur Ablieferung von Erzeugnissen und Arbeitsleistung für die Gesellschaft zu zwingen, wie auch dazu, diejenigen als Rebellen und Verbrecher zu verfolgen, welche den Versuch machten, sich den gewaltsamen Auflagen zu entziehen .... Vor allem aber haben sogar gewisse administrative Behörden die Tatsache geduldet und gestattet, Frauen zu verhaften und in Haft zu behalten, um die Dörfer zur Lieferung von Produkten und Arbeitern zu zwingen."

Und noch ein anderes Beispiel, wie das System zu Werke ging:

„Als ich am Morgen mich auf den Weg nach K... machen wollte, kamen viele Leute aus der Umgegend, um mich zu sprechen. Sie brachten drei Personen mit sich, die in gräßlicher Weise durch Flintenschüsse verwundet waren, zwei Männer und einen sehr kleinen Knaben, nicht mehr als sechs Jahre alt, und außerdem noch einen Knaben von sechs oder sieben Jahren, dessen rechte Hand am Gelenk abgeschnitten war. Einer der Männer, der einen Schuß durch den Arm erhalten hatte, sagte, er sei Y… von L… ., einem einige Meilen entfernt liegenden Dorfe, und sei unter den folgenden Umständen angeschossen worden: Die Soldaten waren in seine Ortschaft gekommen, um die Zahlung der fälligen Gummisteuer von der Gemeinde zu erzwingen, Sie banden ihn und drohten, daß sie ihn erschießen würden, wenn er nicht 1000 Messingstäbe zahlte. Da er aber keine Messingstäbe besaß, schossen sie ihn durch den Arm und verließen ihn."

Ich möchte hier einschalten, daß sich unter meinen Photographien mehrere befinden, welche Arme aufweisen, die in der geschilderten Art zerschmettert wurden.

Wenn die Eingeborenen weißen Leuten Klagen vorbrachten, Wurden sie folgendermaßen behandelt:

„… Außerdem werden 50 Frauen gebraucht, um jeden Morgen zur Fabrik zu gehen und dort den ganzen Tag zu arbeiten. Sie klagten, daß die ihnen gegebene Entschädigung gänzlich ungenügend sei und daß sie andauernd geschlagen würden. Als ich den Häuptling W. frug, warum er nicht sich bei D. F. beklagt habe, öffnete er den Mund und zeigte mir einen Zahn, der fast herausfiel. ‚Das ist, was ich von D. F. bekommen habe, als ich vor vier Tagen ihm dieselben Klagen vorbrachte', antwortete er und fügte hinzu, daß auch er, ebenso wie seine Leute oft von den Weißen geschlagen würden."

Herr Casement ertappte eine Wache auf frischer Tat: „… Nach einer kleinen Verzögerung kam ein Knabe von ungefähr vierzehn Jahren, dessen rechter Arm in einen schmutzigen Lumpen gehüllt war. Als ich denselben abwickelte, fand ich, daß die Unke Hand am Gelenke abgehackt war, während im Fleischteile des Oberarmes sich ein von einem Schusse herrührendes Loch befand. Der Knabe, der sich 1.1. nannte, erklärte auf meine Frage, daß ein noch im Orte befindlicher Wachtposten der Lulanga-Gesellschaft seine Hand abgeschnitten habe. Ich machte mich auf die Suche nach dem Mann, und eine beträchtliche Zahl von Eingeborenen sammelte sich hinter mir auf dem Wege durch das Dorf. Der Mann konnte zuerst nicht gefunden werden, aber nach einigem Zögern erschien er mit einer Kapflinte. Der Knabe beschuldigte ihn ins Gesicht hinein. Die Dorfbewohner bestätigten auf Befragen einer nach dem andern die Aussage des Knaben. Der Posten, der seinen Namen als K. K. angab, konnte auf die Anklage keine Antwort geben. Er machte unbestimmte Redensarten, indem er angab, ein anderer Posten habe die

Tat begangen, sein Vorgänger habe mehrere Hände abgeschnitten, und wahrscheinlich sei auch I.I. eins seiner Opfer. Die Eingeborenen sagten, es seien zurzeit noch zwei andere Posten in dem Orte, die nicht so schlecht seien, K. K. aber sei ein Schurke. Da das Beweismaterial gegen ihn ganz klar lag, und Mann auf Mann aussagte, daß er die Tat selbst mit angesehen habe, erklärte ich dem Posten und den umstehenden Leuten, daß ich mich an die lokalen Behörden wenden und seine sofortige Verhaftung und Aburteilung beantragen werde." So lautete die Erzählung oder vielmehr ein sehr kleiner Teil derselben, welche der britische Konsul der Regierung seiner Majestät unterbreitete – ein Bild der Verhältnisse derselben Eingeborenen, die zu verteidigen wir uns „im Namen des Allmächtigen Gottes" verpflichtet haben.

Das Urteil dieses Weißbuches ist ein vernichtendes. Es enthält auch einen kurzen Bericht über die Erlebnisse des Lord Cromer am oberen Nil in dem Lado-Distrikte. Lord Cromer schildert, wie das Ufer des Flusses, welches auf britischem Gebiete liegt, in einer Ausdehnung von achtzig Meilen dicht mit Dörfern der Eingeborenen bestanden ist und wie die Eingeborenen am Ufer entlang liefen, um den Dampfer anzurufen. Das andere Ufer jedoch im Gebiete des Congo war eine verlassene Wildnis. Das „Tu quoque"-Argument, welches die Lakaien des Königs Leopold so gerne vorschützen, wird diesen Unterschied nur schwer erklären können. Lord Cromer schließt seinen Bericht:

„Es scheint mir, daß die von mir angegebenen Tatsachen ein vollauf ausreichendes Zeugnis von dem Geiste ablegen, der die belgische Administration belebt, wenn dieselbe überhaupt „Administration" genannt werden kann. Die Regierung wird, soweit ich beurteilen konnte, fast ausschließlich nach Maßgabe kommerzieller Rücksichten geführt, und sogar, wenn man diesen Maßstab anlegt, scheint es, als ob die vertretenen Prinzipien einigermaßen kurzsichtige wären."

Dasselbe Weißbuch enthält auch die von Herrn de Cuvelier verfaßte Verteidigung des Congo. Sie besteht darin, daß sie alle der Öffentlichkeit vorgelegten Tatsachen einfach ignoriert und Argumente anführt, wie z. B., daß auch die Briten Eingeborene bekriegt haben. Als ob kein Unterschied zwischen Krieg und Massacres bestände! Ferner, daß die Briten den Eingeborenen eine Kopfsteuer auferlegt haben. Gewiß, aber wenn dieselbe sich in vernünftigen Grenzen hält, ist sie eine durchaus gerechte Maßnahme, die von allen kolonialen Nationen geübt wird. Mögen die Besitzer des Freistaates doch dieses System zur Anwendung bringen, mögen sie die

Freiheit des Handeis Wieder herstellen, indem sie das Land für alle öffnen, mögen sie den Eingeborenen ihr Land mit seinen Erzeugnissen wiedergeben die ihnen genommen wurden. Sobald sie dies getan und die Schuldigen bestraft haben, so ist damit das Ende der Anti-Congo-Agitation herbeigeführt. Außer derartigen Angaben wird ungefähr die Hälfte der Verteidigungsschrift (Notes sur le Rapport de Mr. Casement, de Dec. II, 1903) von dem Versuche in Anspruch genommen, in einem einzigen Falle der Verstümmelung zu beweisen, daß die Verletzungen durch einen wilden Eber verursacht wurden. Ein Blick auf die Photographien, welche diesem Buche beigegeben sind, wird beweisen, wie viele derartige Eber im Congo-Land vorhanden sind und wie sonderbare Gewohnheiten ihnen zu eigen! Aber es ist nicht der Congo, dem diese Eber entstammen.

VIII. König Leopolds Kommission und ihr Bericht

Der unmittelbare Erfolg der Veröffentlichung der allgemeinen Betrachtungen des Lord Cromer und der bestimmten Anklagen des Konsul Casement in Form eines Staatsdokumentes war in Belgien wie in England die Forderung einer offiziellen Untersuchung. Lord Landsdowne verlangte, daß diese Untersuchung unparteiisch und gründlich sein müsse. Die Britische Regierung schlug vor, daß sie einen internationalen Charakter tragen solle, unabhängig von der lokalen Administration. Sehr ungern und unter stetem Drucke ernannte der König eine Kommission, aber beschnitt ihre Befugnisse in einem Grade, der den Zweck derselben vereitelte. Die Bedingungen waren derartige, daß sie den Protest von Männern, wie M. A. J. Wauters, dem belgischen Historiker des Congo-Freistaates, herausforderten, der am 7. August 1904 sich dagegen wehrte, daß eine derartige Untersuchung nützlichen Zwecken dienen könnte. Schließlich wurden die Befugnisse ein wenig erweitert, aber dennoch war die Kommission in jeder Beziehung gehindert, besaß auch keine Strafgewalt.

Die Zusammensetzung der Kommission entsprach der Wichtigkeit der Untersuchung. Herr Janssens, ein wohlbekannter belgischer Jurist, fungierte als Präsident.. Er machte auf alle, die mit ihm in Berührung kamen, den Eindruck eines aufrichtigen und sympathischen Charakters. Die Ernennung des Barons Nico war anfechtbar, da er Beamter des Congo-Staates war, aber sonst ließ sich keine Klage gegen ihn erheben. Dr. Schumacher, ein hervorragender schweizerischer Anwalt, war der dritte Kommissar. Die englische Regierung beantragte in der Kommission vertreten zu sein, und mit echter Congo-Schlauheit bewilligte man das Gesuch, jedoch nicht eher, als bis die drei Kommissare im Congo-Gebiete eingetroffen waren. Der englische Vertreter, Herr Mackie, reiste schleunigst ab, kam jedoch gerade noch zur rechten Zeit, um den letzten drei Sitzungen beizuwohnen, welche im unteren Teile des Flußgebietes abgehalten wurden, weit von den berüchtigten Gummiagenten. Es ist der Mühe wert zu erwähnen, daß Herr Mackie bei der Ankunft um Überlassung der Protokolle der früheren Sitzungen ersuchte, und daß sein Gesuch abschlägig beschieden wurde. Das von der Kommission gesammelte Beweismaterial ist niemals veröffentlicht worden, und man kann mit Sicherheit sagen, daß es niemals veröffentlicht werden wird. Glücklicherweise haben die Congo-Missionare umfangreiche Aufzeichnungen während der Verhandlungen und Zeugenaussagen gemacht, soweit dieselben zu ihrer unmittelbaren Kenntnis gelangten. Ihren Aufzeichnungen sind die nachfolgenden Ausführungen entnommen. Wenn die Congo-Behörden die Genauigkeit dieser Angaben bestreiten, so sollen sie dieselben ein für allemal dadurch widerlegen und ihre Ankläger zu schanden machen, indem sie die in ihrem Besitze befindlichen Protokolle veröffentlichen.

Die erste längere Sitzung, über welche Aufzeichnungen vorliegen, fand in Bolobo vom 5. bis 12. November 1904 statt. Der Veteran Herr Grenféll machte hier seine Aussagen. Eine kurze Wiedergabe seiner Ansichten wird von Wert sein, weil er einer derjenigen war, die sich am längsten gegen die Verurteilung des Königs Leopold wehrten und weil seine früheren Äußerungen angeführt worden sind, um zu beweisen, daß er das System billige. Er drückte den Kommissaren seine Enttäuschung darüber aus, daß die Congo-Regierung unterlassen habe, die im Anfange gegebenen Versprechungen zu erfüllen, und erklärte, daß er die Ordensauszeichnungen, die er von dem Herrscher des Congo-Staates empfangen habe, nicht länger tragen könne. Allerdings meinte er, daß die Übelstände, unter denen das Land zu leiden habe, durch die Gier einiger Leute, schnell reich zu werden, verschuldet seien, und durch den Mangel irgendeines ernsten Versuches, die Polizei des Landes im Interesse des Volkes zu organisieren. Als Beweis erwähnte er den Mangel an richterlichen Beamten, und die Unmöglichkeit, für einen Eingeborenen Gerechtigkeit zu erlangen, da die Zeugen weite Entfernungen, entweder bis nach Boma oder nach Leopoldville zurücklegen müßten. Herr Gren-fell sprach sich energisch gegen das administrative Regime am oberen Flusse aus, soweit er dasselbe kennen gelernt hatte.

Herr Scrivener, der dreiundzwanzig Jahre am Congo gelebt hatte, war der nächste Zeuge. Seine Aussagen waren mit Bezug auf die Krondomäne zum großen Teile dieselben, wie wir sie aus dem bereits zitierten Tagebuch kennen gelernt haben. Viele Zeugen wurden vernommen. „Woher kennst du die Namen der gemordeten Leute?“ wurde ein Bursche gefragt. „Der eine war mein Vater,“ war die Antwort. „Leute mit Steinherzen,“ schrieb Herr Scrivener, „würden bei den Erzählungen weich werden, die bei der Prüfung vor den Kommissaren die gräßliche Geschichte des Gummisammelns enthüllen.“

Herr Gilchrist, ein anderer Missionar, war gleichfalls Zeuge. Sein Zeugnis betraf die Staatsdomäne und das konzessionierte Gebiet, hauptsächlich den Lulanga-Fluß. Er sagte:

„... Ich erzählte ihnen auch, welche Zeichen der Verwüstung wir in allen Distrikten am Ikelemba gesehen hatten, erzählte ihnen von den erschütternden Erlebnissen, die wir von den Leuten gehört hatten, von den Schlächtereien, die von den verschiedenen hier stationierten weißen Beamten des Staates und der Gesellschaften hier angerichtet worden. Einige dieser Beamten haben sich einen besonders berüchtigten Namen gemacht. Ich lenkte ihre Aufmerksamkeit auf die Tatsache, daß auch die Ebene des Ikelemba freihändlerisches Gebiet sein sollte, daß aber trotzdem überall die Bewohner der verschiedenen Gebiete gezwungen sind, den Gesellschaften ihrer Distrikte zu dienen und Gummi „gum copal“ (Gummiharz), oder Nahrungsmittel zu beschaffen. Als wir uns an einem abseits vom Wege gelegenen Platze am südlichen Ufer aufhielten, trafen zwei Männer ein, deren Körper von den Spuren der „Chicotte“ überdeckt waren. Sie waren eben von dem Händler von Bosci geschlagen worden, weil die von ihnen abgelieferte Quantität nicht ausreichend befunden wurde. Ich sagte dem Kommissar, daß in den inneren Städten, Ngombe und Mongo, bald eine zahlreiche Bevölkerung wohnen würde, wollte man günstige Bedingungen, besonders Freiheit gewähren.“

Durch eine Reihe von Fragen wurden folgende Tatsachen festgestellt:

„Unruhige Stimmung unter den Eingeborenen. Die älteren Leute scheinen niemals genug Vertrauen zu besitzen, um feste Häuser zu bauen. Wenn sie den Verdacht haben, daß ein Kanoe oder ein Dampfer mit Soldaten naht, so fliehen sie.

„Brustkrankheiten, Lungenentzündung usw. Diese erfordern viele Opfer. Die Leute fliehen auf die Inseln, leben unter freiem Himmel, setzen sich jedem Wetter aus, ziehen sich Erkältungen, infolge derselben Lungenkrankheiten zu und sterben. Jahrelang haben wir kein neues Haus gesehen, weil die Leute unruhig umherziehen. Vor den Soldaten haben sie große Furcht. Viele halten sich von den Dörfern nur zeitweilig fern, einige schlagen jedoch ihren ständigen Wohnsitz am nördlichen Flußufer auf.

„Mangel an geeigneter Nahrung. Ich habe dem Einsammeln der vom Staate gestellten Auflagen beigewohnt, und nachher hatten die Eingeborenen nichts als Blätter zur Nahrung.“

Ferner ergab sich, daß Geldstrafen, welche die Kommissare sofort für ungesetzlich erklärten, gewohnheitsgemäß erhoben wurden, und daß diese Erhebungen andauerten, nachdem man bei dem Generalgouverneur Beschwerde eingelegt hatte. Trotz der Entscheidung, daß diese Auflagen ungesetzlich seien, wurden keine Schritte in der Angelegenheit getan; ja, den neuesten Berichten nach bekleidet Herr de Bauw, der Hauptschuldige, das Amt des höchsten Verwaltungsbeamten des Distrikts. Überall bemerkten wir im Congo-Staate keinerlei Beziehung zwischen Gesetz und täglicher Praxis. Ganz gewohnheitsmäßig wird das Gesetz von jedem Beamten verletzt, vom Generalgouverneur abwärts, wenn dadurch der Gewinn des Staates vermehrt werden kann. Nur dem Fremden gegenüber werden gewisse Gesetze rücksichtslos gehandhabt, dem Österreicher Rabinek oder dem Engländer Stokes gegenüber, der töricht genug war, zu glauben, daß eine internationale Abmachung größeres Gewicht habe als die Edikte von Boma. Beide haben für diesen Irrtum ihr Leben hergeben müssen, ohne wenigstens als Tote für das an ihnen begangene Unrecht Genugtuung zu erhalten, ja, im Falle des Österreichers sogar, ohne daß man öffentlich protestierte.

Die nächste wichtige Sitzung der Kommission fand in Baringa statt. Herr Harris und Herr Stannard, die dortigen Missionare, hatten stets eine edle Rolle gespielt, indem sie versuchten, mit ihren sehr beschränkten Kräften die Eingeborenen vor ihren Peinigern zu schützen. Gemeinsam mit Frau Harris haben beide in diesem Bestreben ihr Leben wiederholt auf das Spiel gesetzt. Ihre weißen Nachbarn in den Gummifabriken haben ihnen das Leben schwer gemacht, haben versucht, die Eingeborenen zu verhindern, ihnen Nahrungsmittel zu liefern und sie auf verschiedene andere Art gequält. Einmal wurden ein Häuptling und sein Sohn auf Befehl des weißen Agenten gemordet, weil sie Herrn Harris ein Stück Antilope geliefert hatten. Ehe wir uns den schrecklichen Zeugenaussagen der Missionare zuwenden (und zwar bestätigt der Hauptagent der A.B.I.R.Gesellschaft sofort die Wahrheit dieser Aussagen), wollen wir uns über das genaue Verhältnis dieser Gesellschaft zum Staate klar werden. Ihre Beziehungen sind so eng verflochten, daß sie für alle praktischen Zwecke eins sind. Der Staat besitzt fünfzig Prozent der Aktien, stellt die Regierungssoldaten zur Verfügung der Gesellschaft, befördert ihre Waren in Regierungsdampfern, sanktioniert eine große Zahl von Flinten und Patronen, welcher die Gesellschaft für ihre mörderische Arbeit bedarf. Welche Verbrechen auch immer von der A.B.I.R. verübt werden, der Staat ist ihr eng verbundener Mitschuldiger. Die europäischen Direktoren dieser blutbefleckten Genossenschaft sind oder waren zur Zeit die folgenden: Senator van den Nest, Präsident, Compte John d'Oultremont, Großmarschall des belgischen Hofes,

Baron Dhanis, der sich, wie wir gesehen, bereits am Congo einen Namen gemacht, M. van Eetvelde, ein gefügiges Werkzeug des Königs und Schreiber so vieler schön klingender Depeschen an die britische Regierung mit Versicherungen über die zivilisierende Mission und die hohen Ziele des Congo-Staates.

Und nun wollen wir Herrn Harris Gehör schenken, der einen Teil der Zeugenaussagen folgendermaßen zusammenfaßt:

„Zuerst verhandelten wir über die besonderen Grausamkeiten von 1904, durch welche Männer, Frauen und Kinder in Mitleidenschaft gezogen wurden; dann über Morde und Schandtaten, einschließlich Menschenfresserei. Dann über die Einkerkerung von Männern, Frauen und Kindern. Dann über die Zerstörung der Baringa-Ortschaften und die infolgedessen eingetretene Hungersnot unter den Leuten. Dann über die großen Scharen von Gefangenen, Männern, Frauen und Kindern, die eingekerkert gehalten wurden, um jene Arbeit zu verrichten, ebenso über die Ermordung zweier Männer während der Durchführung der Zerstörung. Dann über die ungesetzlichen Geschehnisse von 1903: die Expedition, die von einem A.B.I.R.-Agenten gegen Samb'ekota geführt wurde, und die Ausrüstung der A.B.I.R.-Wachen mit Albini-Flinten. Dann lenkte ich die Aufmerksamkeit auf die Verwaltung des Herrn Forcie, dessen Régime ein entsetzliches war und den Mord des wichtigsten Häuptlings von Bolima, Isekifasu veranlaßte. Ferner auf das Abschlachten, Zerstückeln und Auffressen seiner Frau und Kinder, und die von „Veritas" in der „West African Mail" angeführte Tatsache, daß die hauptsächlichsten Häuser mit Eingeweiden, Leber und Herz einiger der Ermordeten behangen wurden. Im allgemeinen bestätigte ich den von „Veritas" in der „West African Mail" veröffentlichten Brief.

„Dann kam ich auf die Zeit des Herrn Tagner zu sprechen und erklärte, daß kein Dorf unter ihm den Mördereien entgangen sei. Dann auf die von allen Agenten begangenen Ungesetzlichkeiten, die öffentlichen Auspeitschungen tatsächlich jedes Einzelnen, die ich durch Anführung besonderer Fälle beweisen konnte; ich erwähnte als Beispiel, daß ich mit eigenen Augen gesehen habe, wie von sechs Ngombe-Männern jeder hundert Hiebe empfing.

„Es wurde besprochen der Brauch, Frauen und Kinder alle zusammengepfercht in einer Hütte einzukerkern, ohne Vorrichtungen für ihre natürlichen Bedürfnisse. Dann, daß sehr viele von ihnen, einschließlich der Häuptlinge, entweder im Gefängnisse oder sehr bald nach der Entlassung gestorben sind.

„Dann die Verstümmelung der Frau Boaji, weil sie ihrem Manne treu bleiben und sich nicht den Posten hingeben wollte. Ihr fußloses Bein und ihr Leistenbruch bewiesen ihre Aussagen. Sie erschien vor der Kommission und dem Arzte.

„Dann die Einkerkerung der Eingeborenen, weil sie Freunde und Verwandte in anderen Dörfern besucht haben, und die Verweigerung der Erlaubnis, den Fluß ohne einen vom Gummiagenten gezeichneten Paß zu befahren. Sogar Missionare sind diesen Beschränkungen ausgesetzt und werden in einer nicht mitteilbaren Weise insultiert, wenn sie sich darüber hinwegsetzen wollen.

„Dann kam die Frage, wen die Verantwortung träfe. Ich erklärte, daß einzelne Individuen nicht so sehr die Schuld trügen, wie das System. Die Wache bezichtigt den Agenten, der Agent den Direktor usf.

„Dann machte ich aufmerksam auf die Schwierigkeiten, die sich den Eingeborenen entgegenstellen, wenn sie Ungesetzlichkeiten melden wollen. Die Zahl der Zivilbeamten ist zu klein; auch ist es so gut wie unmöglich, die wenigen, welche existieren, zu erreichen, weil der Eingeborene zuerst die Erlaubnis seines Gummiagenten einholen muß.

„Die augenblicklich zwischen dem Staat und der A.B.I.R.-Gesellschaft bestehenden Beziehungen machen es an und für sich höchst unwahrscheinlich, daß die Eingeborenen jemals Ungesetzlichkeiten melden werden. Ich gab unserer festen Überzeugung Ausdruck, daß diese Verfehlungen ohne unsere Bemühungen niemals an das Tageslicht gekommen wären.

„Nunmehr wurden die Schwierigkeiten besprochen, unter denen die Missionare zu leiden haben und die darin bestehen, daß die A.B.I.R.-Gesellschaft uns alle möglichen Beschränkungen auferlegt, sobald wir ein Wort verlauten lassen. Ich erwähnte einige von vielen Beispielen, welche darin gipfelten, daß Frau Harris und ich beinahe umgebracht worden wären, weil wir wagten, den von Van Caelcken angestifteten Massacres entgegenzutreten. Auch daß der Staat sich weigert, uns neue Bauplätze anzuweisen, können wir nur auf unsere abfällige Kritik der Verwaltung zurückführen. Ich bemerkte, daß der Gummivorrat der Wälder erschöpft sei, und daß ich auf einer fünftägigen Reise durch die Wälder nicht eine einzige einigermaßen starke Gummirebe gesehen habe. Der Grund liegt ausschließlich in der Raubnutzung, die in solchem Grade betrieben wird, daß die Wurzeln aller Gummipflanzen langjähriger Schonung bedürfen. Tatsächlich nehmen die Eingeborenen ihre Zuflucht dazu, die Wurzeln auszugraben, nur um Gummi beschaffen zu können.

„Dann erörterte ich die offenkundige Verletzung des Berliner

Vertrages, sowohl dem Geiste wie dem Worte nach. Erstens dürfen wir unsere Mission nicht ausdehnen, und zweitens dürfen wir keinen Handel treiben, nicht einmal, um Nahrungsmittel zu beschaffen.

„Dann wurde festgestellt, daß unseres Wissens bis zum Jahre 1904 kein einziger Wachtposten jemals für die vielen in diesem Distrikte verübten Morde bestraft wurde.

„Dann erklärte ich, ein Grund, weshalb die Eingeborenen nicht als Ruderer für die A.B.I.R.-Gesellschaft dienen wollen, sei, daß Posten mitführen, deren einzige Aufgabe darin bestehe, die Ruderer durch Peitschen anzutreiben.

„Nachdem Herr Stannard vernommen worden war, wurden sechzehn Esanda-Zeugen einzeln verhört. Sie gaben mit allen Einzelheiten an, wie Vater, Mutter, Bruder, Schwester, Sohn oder Tochter mit kaltem Blute des Gummis wegen ermordet worden seien. Diese sechzehn berichteten über zwanzig Morde allein in Esanga. Dann folgte der große Häuptling von ganz Bolima, der dem von der A.B.I.R.-Gesellschaft gemordeten Isekifasu gefolgt war. Welch Anblick für diejenigen, die über lügenhafte Missionare schwatzen! Aufrecht stand er vor allen, zeigte auf seine zwanzig Zeugen, legte auf den Tisch seine 110 Zweige, von denen jeder ein für Gummi gemordetes Menschenleben bedeutete. Dies sind die Zweige für die Häuptlinge, diese für die Männer, diese kürzeren für die Frauen, diese kleinen für die Kinder. Er gab die Namen von Dutzenden von Opfern und bat dann um die Erlaubnis, seinen Sohn rufen zu dürfen, damit er seinem Gedächtnis zu Hilfe komme. Jedoch in der Überzeugung, daß er die Wahrheit gesprochen habe, forderte die Kommission nicht die Aussage des Sohnes. Er erzählte, wie sein Bart, der viele Jahre lang gewachsen war und fast bis zur Erde reichte, von einem Gummiagenten abgeschnitten worden sei, nur deshalb, weil er einen Freund in einer anderen Ortschaft besucht hatte. Er leugnete, daß er drei A.B.I.R.-Wachen getötet habe, gestand aber zu, daß drei derselben von seinen Leuten erstochen worden waren. Er beschrieb, wie die weißen Männer mit ihm gekämpft hätten; nach dem Kampf hätten sie ihm seine Leichen ausgehändigt und ihn gefragt: ‚Nicht wahr? Jetzt wirst du uns Gummi bringen?‘ worauf er ‚Ja‘ geantwortet habe. Die Leichen aber wurden in Stücke geschnitten und von den Soldaten des Herrn Forcie aufgefressen. Auch schilderte er, wie er von dem Agenten mit der ‚Chicotte‘ gepeitscht, eingekerkert und zu der niedrigsten Handarbeit gezwungen worden sei.

„Bonkoko berichtete, wie er die A.B.I.R.-Wachen auf ihrem Zuge begleitet habe, um Isekifasu mit seinen Weibern und Kindern zu morden; wie sie friedlich bei dem Abendessen gesessen hätten;

wie man alle umgebracht hätte, an die man Hand legen konnte; wie sie die Leichname der Frauen und des Sohnes von Isekifasu zerstückelten und auffraßen; wie sie des Babys Schädel zerschmetterten, so daß das Hirn herausspritzte; wie sie dann den Kindsleichnam halbierten und aufspießten. Und wie dann, als die Wachen nach Haus kamen, Herr Forcie sie auspeitschen ließ, weil sie nicht genug Bolima-Leute abgeschlachtet hatten.

„Dann trug ein Häuptling das verstümmelte Weib Lombotos aus Ekerongo herbei. Sie zeigte ihr fußloses Bein und ihren Bruch – die Belohnung dafür, daß sie ihrem Manne hatte treu bleiben wollen. Ihr Mann erzählte, wie er ‚chicottiert' worden sei, weil er über die Verstümmelung seiner Frau in Zorn geraten war.

‚Dann legte Longoi aus Lokoto achtzehn Zweige auf den Tisch, jeder bedeutete ein um des Gummis willen hingemordetes Menschenleben. Inunga brachte 34 Zweige und erzählte, wie 34 seiner Leute in Ekerongo abgeschlachtet worden seien. Er gab zu, daß sie einen Wachtposten, Iloko, erstochen hatten, jedoch nur, nachdem Iloko zuerst (wie bei derartigen Ereignissen immer der Fall) einige gemordet hatte. Lomboto zeigte seinen verstümmelten Arm mit einer unbrauchbaren Hand – das Werk der Rache. Isekansu wies seinen Armstumpf vor mit derselben traurigen Geschichte. Jeder Zeuge erzählt von Auspeitschungen, Raub, Verstümmelungen, Mord, Einkerkerungen der Männer, Frauen und Kinder, von ungesetzlichen Strafen und Steuern. Die Kommission bemüht sich, durch diesen Strom von Blut, Gewalttat und Sünde zu waten – aber als sie die Unmöglichkeit einsieht, fragt sie mich, wie lange ich noch so fortfahren wolle. Ich antworte, so lange, bis sich die Kommission überzeugt habe, daß allein in diesem Distrikte hunderte von Morden durch die A.B.I.R.-Gesellschaft verübt worden – Morde an Häuptlingen, Männern, Frauen und Kindern, und daß die Zeugenmassen nur auf mein Zeichen warten, um Auskunft zu geben.

„Ich fügte hinzu, daß wir nur etwa zweihundert Morde in den Ortschaften Bolima, Esanga, Ekerongo und Lotoko in Betracht gezogen hätten; die bei weitem größere Majorität derselben sei unberücksichtigt geblieben, nämlich die Morde in den Distrikten Bokri, Nsongo, Boruga, Ekala, Baringa, Linza, Lifindu, Nsongo-Mboyo, Livoku, Boendo, Lomako-Fluß, Ngombe und in vielen anderen Distrikten, die alle die gleiche Geschichte zu erzählen haben. Jeder sah die Unmöglichkeit, das ganze Material zu untersuchen. Die Kommission hätte für diesen Zweck monatelang hierbleiben müssen." –

Was läßt sich derartigen Aussagen noch hinzufügen? Sie bieten sich in ihrer nackten Gräßlichkeit dar und ein Versuch, den Eindruck verstärken zu wollen, wäre vergeblich. Was können die englischen Verteidiger des Congo, welche die Berichte über die Greuel deshalb angezweifelt haben, weil sie während eines flüchtigen Aufenthaltes in einem kleinen Teile dieses ungeheuren Landes nicht zufällig Zeuge derselben waren, was können Lord Mountmorres, Kapitän Boyd Alexander oder Frau French Sheldon diesem ungeheuren Beweismaterial gegenüber erwidern, das durch die tatsächlich verstümmelten Glieder und zerfleischten Rücken bestätigt wird? Können sie mehr sagen, als der tatsächlich dieser Verbrechen beschuldigte Mann, Herr Longtain, der am Platze befindliche Hauptagent? „Was haben Sie zu erwidern?“ frag ihn der Präsident. Herr Longtain zuckte die Achseln. Er hatte nichts zu erwidern. Der Präsident, der (zu seiner Ehre sei es gesagt) einem Teile der Beweisaufnahme mit Tränen zugehört hatte, gab seinem Erstaunen und Ekel Ausdruck. „Ich möchte eine Tatsache anführen“, sagte der Agent, „im Laufe von sieben Monaten wurden 142 meiner Wachtposten von den Dorfbewohnern getötet.“ „Aber das macht die Sache ja nur schlimmer!“ rief der kluge Richter. „Wenn diese wohlbewaffneten Leute von den wehrlosen Dorfbewohnern getötet wurden, wie gräßlich müssen die Schandtaten gewesen sein, die so verzweifelte Vergeltung herausforderten!“

Und wenn man fragt: „Was ist mit diesem verbrecherischen Agenten geschehen, der die schwerste Strafe verdient hätte, die das Gesetz der Menschen kennt?“ so antworte ich: „Gar nichts ist ihm geschehen. Ganz wie dem Kapitän Lothaire, gestattete man auch ihm, aus dem Lande zu entwischen. Vielleicht vollzieht man gelegentlich ein Beispiel an einem unbedeutenden Agenten, aber den lokalen Verwalter einer großen Gesellschaft zu bestrafen, wäre gleichbedeutend mit einer Verminderung des Gummiertrages – und was gelten Moral und Gerechtigkeit im Vergleich zu solcher Aussicht?

Warum noch mit den Beweisaufnahmen der Kommission fortfahren? Ihre Wanderungen deckten nur einen kleinen Teil des Landes an den Ufern des Hauptflusses, aber überall hörten sie dieselbe Kunde von Sklaverei, Verstümmelung und Mord. Was Scrivener und Grenfell in Bolobo gesagt hatten, wiederholten Harris und Stannard in Baringa, Gilchrist in Lulanga, Ruskin und Gamman in Bongandanga, Herr und Frau Lower in Ikau, Padfield in Bonginda, Weeks in Monsembe. Die Ortschaft wechselte, aber die Resultate des Systems waren immer die gleichen. Hier und dort waren Spuren von Menschlichkeit, die in der Erinnerung verweilten, hier und dort aber auch so entsetzliche Greuel, daß sie sogar in dieser allgemeinen Hölle auffielen. Ein Knabe sagte, er habe seine sämtlichen Verwandten verloren, männliche und weibliche, alle seien um des Gummis willen ermordet. Als sein Vater im Sterben lag, vertraute er ihm die Pflege seiner beiden kleinen Brüder an. Er hatte so lange für sie gesorgt, bis er selbst gezwungen wurde, in den Wald zu gehen und Gummi zu sammeln. Einmal hatte die gesammelte Quantität nicht ausgereicht. Als er heimkehren wollte, fand er, daß das Dorf während seiner Abwesenheit überfallen worden war – seine beiden kleinen Brüder lagen mit heraushängenden Eingeweiden über einem Holzklotz … Aber die Gesellschaft zahlt zweihundert Prozent!

Vier Eingeborene waren so lange gemartert worden, bis sie flehten, man solle eine Flinte holen und sie erschießen.

Herr Gamman kannte kein Dorf, das von fünfzehn Arbeitstagen weniger als zehn brauchte, um den Forderungen der A.B.I.R. zu genügen. In der Regel hatten die Leute im Monat nur vier Tage zu ihrer eigenen Verfügung, während gesetzlich das Maximum der Zwangsarbeit nicht mehr als vierzig Stunden im Monat betragen sollte. Ich sagte aber bereits, daß am Congo keine Beziehung zwischen Gesetz und täglichem Gebrauche besteht.

Ein Zeuge erschien mit einem Stricke, der in 42 Knoten geschürzt war, und einem Bündel von fünfzig Blättern. Jeder Knoten bedeutete einen Mord und jedes Blatt einen Raubzug in seinem Dorfe.

In der Hoffnung auf Gerechtigkeit brachte der Sohn eines ermordeten Häuptlings den Leichnam seines Vaters zum weißen Agenten. Aber der Agent hetzte seinen Hund auf ihn, der ihn in das Bein biß, als er seinen toten Vater wieder fortschleppte.

Dorfbewohner brachten ihre gemordeten Toten zu Herrn Spelier, dem Direktor der La Lulanga-Gesellschaft. Er beschuldigte sie der Lüge und hieß sie sich ihres Weges scheren. Ein Häuptling wurde von zwei weißen Agenten gepackt, von denen der eine ihn hielt, während der andere ihn schlug. Als sie fertig waren, stießen sie ihn mit dem Fuße, damit er aufstehen sollte, aber der Mann war tot. Die Kommission verhörte in dieser Angelegenheit zehn Zeugen: der Häuptling hieß Jonghi, die Ortschaft Bogeka und das Datum war der 4. Oktober 1904. –

Wir haben oben nur einen Bruchteil des Beweismaterials wiedergegeben, welches der Kommission genau in allen Einzelheiten mit Namen der betroffenen Personen, Ortschaften und Daten vorgelegt wurde, um sie zu überzeugen. Und daß sie überzeugt wurden, kann keinem Zweifel unterliegen. Schweren Herzens zogen sie flußabwärts. Als sie nach Boma kamen, hatten sie mit dem Generalgouverneur Costermans eine Unterredung. Was in derselben vorgegangen, ist nicht bekannt worden; aber als sie vorüber war, ging Costermans und schnitt sich die Kehle ab. Diese Tatsache zeigt vielleicht, in welcher Gemütsstimmung sich die Richter befanden, als die Erzählungen noch frisch in ihrem Gedächtnisse brannten und ihr Nervensystem unter dem Schrecken des Beweismaterials noch zitterte.

Ein ganzes Jahr verging zwischen der Abreise der Kommission und der Übergabe ihres Berichtes, dessen Ergebnisse am 31. Oktober 1905 veröffentlicht wurden. Aber das Beweismaterial, welches Europa in seinen Grundfesten erschüttert hätte, erreichte niemals das Forum der Öffentlichkeit, trotzdem Lord Lansdowne die inofficielle Versicherung abgab, daß man nichts verheimlichen würde. Nur die Schlußfolgerungen kamen an das Licht, aber nicht die Dokumente, auf denen sie basierten.

Wenn man diesen Bericht seiner höfischen Phrasen entkleidet, so bleibt eine absolute Bestätigung aller Zeugenaussagen während so vieler Jahre übrig. Es ist leicht, die Kommissare deswegen zu tadeln, weil sie nicht den vollen Mut ihrer Überzeugung bewiesen. Aber ihre Lage bot viele Schwierigkeiten. Tatsächlich war der Bericht für eine einzige Person bestimmt. Niemand wußte besser als sie, daß der „Staat“ eine Fiktion war. Der König war es, der die Kommission entsandt hatte. Und der König war es wiederum, dem über eine Angelegenheit berichtet wurde, die seine persönliche Ehre wie seine materiellen Interessen auf das Empfindlichste in Mitleidenschaft zog. Wäre die Kommission dem ursprünglichen Vorschlage gemäß eine internationale Körperschaft gewesen, so hätte sich die Sache einfach gestaltet. Aber man hatte Sorge getragen, daß von den drei Kommissaren zwei für ihre Aussagen verantwortlich gemacht werden konnten. Herr Janßens war ein mehr oder weniger unabhängiger Mann, aber doch immerhin ein Belgier und ein Untertan des Königs. Baron Nisco war tatsächlich ein Angestellter des Königs und seine zukünftige Laufbahn stand auf dem Spiele. Aber im ganzen glaube ich, daß die Kommissare wie ehrenwerte Männer gehandelt haben.

Natürlich legten sie besonderes Gewicht auf alles, was zugunsten des Königs und seiner Schöpfung gesagt werden konnte. Sie wären Übermenschen gewesen, hätten sie das nicht getan. Sie ergingen sich in Betrachtungen über die Größe und den Handel der Städte an der Mündung des Congo … gerade als ob die ganze einer Nation entrungene Beute einen Fluß hinabgleiten könne, ohne Handel und Reichtümer an seiner Mündung zu schaffen und aufzustapeln. Ganz im Anfange des Berichtes sagten sie, daß sich ihnen die Frage der

Besitzergreifung des Landes durch den Staat aufgedrängt habe. „Wenn der Staat zu vermeiden wünscht, daß das Prinzip der Aneignung vakanter Gebiete Mißbräuche hervorbringt“, sagt der Bericht, „so sollte er seine Agenten und Beamten vor allzu engen Auslegungen und allzu rigorosen Nutzanwendungen warnen.“ Das klingt allerdings schwach und gekünstelt, aber es handelte sich um den Eckstein des vom Könige aufgeführten Gebäudes, und wie konnten sie denselben mit rauher Hand umstürzen? Ihr Verhalten war zwar nicht heroisch, aber es war natürlich. Sie fahren fort:

„Da der größere Teil des Congo-Gebietes nicht bebaut ist, spricht diese Auslegung dem Staate den absoluten und ausschließlichen Besitz eigentlich des ganzen Landes zu, woraus sich die Folge ergibt, daß der Staat einzig und allein über alle Produkte des Landes verfügen, jeden, der das geringste Erzeugnis für sich nimmt, als Dieb verfolgen, oder jeden, der solches Erzeugnis empfängt, als Hehler behandeln und schließlich verbieten kann, daß irgend jemand sich in dem größeren Teile des Gebietes niederläßt. Dadurch wird die Tätigkeit der Eingeborenen auf ein sehr kleines Gebiet beschränkt und ihre wirtschaftliche Lage gerät ins Stocken. Die mißbräuchliche Anwendung einer solchen Gesetzgebung würde jede Entwickelung des Lebens der Eingeborenen verhindern. Auf diese Art ist dem Eingeborenen nicht nur oft verboten worden, seinen Wohnsitz zu verlegen; er wurde sogar verhindert, auch nur zeitweilig ohne besondere Erlaubnis eine benachbarte Ortschaft zu besuchen. Ein Eingeborener, der sich ohne solche Erlaubnis an einen anderen Ort begeben will, setzt sich der Verhaftung, dem Rücktransport und sogar der Bestrafung aus.“

Wer kann nach dem Lesen dieses Abschnittes leugnen, daß aus dem freien Eingeborenen des Congo ein Sklave geworden ist? Dann folgt ein gar seltsamer Satz: „Wir beeilen uns, festzustellen, daß in Wirklichkeit eine so große Strenge nicht geübt worden ist. Beinahe überall wurden gewisse Erzeugnisse der Domäne den Eingeborenen überlassen, namentlich Palmenkerne, die im unteren Congo Gegenstand eines wichtigen Exporthandels sind . . .“

Dieser Handel mit Palmenkernen ist ein althergebrachter, der sich ausschließlich auf die Mündung des Flusses beschränkt. Er hätte nicht gestört werden können, ohne internationale Komplikationen herbeizuführen, auch berührt er in keiner Weise die zahlreichen Stämme am oberen Congo, deren unmenschliche Behandlung Gegenstand der Untersuchung war. Weiter macht der Bericht besonders auf die überaus wichtigen Folgen aufmerksam, die sich aus der Enteignung der Eingeborenen ergeben: „Mit Ausnahme der roh angelegten Pflanzungen, die kaum genügen, um die Eingeborenen selber und die Stationen mit Nahrungsmitteln zu versehen, werden alle Erzeugnisse des Bodens als Eigentum des Staates oder der konzessionierten Gesellschaften betrachtet." Bei einem derartigen Sachverhalte ist der Freihandel für immer vernichtet, ja der Handel überhaupt, mit Ausnahme des durch die Regierung selbst oder durch einige wenige Gesellschaften, die tatsächlich die Regierung darstellen, betriebenen Exportes nach Europa. So kommt der ganze Reichtum des Landes einem Ringe von Millionären zugute.

Nachdem sie den Raub des Landes und der Erzeugnisse in der geschilderten Weise erledigt hat, faßt die Kommission mit Glacéhandschuhen die dritte große fundamentale Frage an, nämlich den Zwang, der den Eingeborenen gegenüber ausgeübt wird, um ausschließlich im Interesse der Bedrücker unter dem Scheine von Steuern entweder völlig kostenlose oder gegen ganz unwesentliches Entgelt geleistete Arbeit zu erhalten. Die Kommissare verschwenden viele Worte, um den Beweis zu erbringen, daß die Eingeborenen nicht gern arbeiten und daß aus diesem Grunde ein Zwang erforderlich sei. Es ist traurig zu sehen, wie gerechte und gelehrte Männer in Verlegenheit geraten, um das zu verteidigen, was sich nicht verteidigen läßt. Arbeiten denn die Schwarzen der Rand-Goldbergwerke gern? Oder die Diamantsucher in Kimberley? Oder die Träger der Deutsch-Ostafrikanischen Karawanen? Und ebenso ungern arbeiten die Bewohner des Congo. Warum arbeiten sie aber trotzdem? Weil sie angemessenen Lohn erhalten; weil das durch ihre Arbeit gewonnene Geld ihnen mehr Vergnügen bringt, als die Arbeit selbst Unlust verursacht. Das ist das Gesetz der Arbeit überall in der Welt. Besonders aber gilt dieses Gesetz für den Congo, wo die Missionare ehrliche Preise zahlen und deshalb niemals in Verlegenheit sind, Arbeitskräfte zu finden. Selbstverständlich hebt der Congolese die Arbeit nicht, wenn sie nicht ihm selbst, sondern anderen Nutzen bringt. Es geht ihm in der Beziehung genau so wie dem Engländer oder Deutschen oder Belgier. Trotz einer derartigen Einleitung kann die Kommission die Tatsachen nicht umgehen:

„Viele der Agenten hatten nur den einen Wunsch, möglichst viel Gewinn in möglichst kurzer Zeit zu erhalten. Ihre Ansprüche waren oft übertrieben. Diese Tatsache ist, soweit das Einsammeln der Erzeugnisse der Domäne in Betracht kommt, durchaus nicht erstaunlich, wenn man bedenkt, daß die Agenten, welche die Steuer selbst bestimmten und eintrieben, ein persönliches Interesse an der Masse des Ertrages hatten, da sie eine im Verhältnisse zu dem Ertrage stehende Kommission erhielten."

Eine bestimmtere Charakterisierung des Systems ist nicht möglich, eines Systems, das von den Reformatoren angegriffen, aber von der Congobehörde so viele Jahre hindurch geleugnet worden ist. Dann macht der Bericht folgendes Geständnis: Als der Staat eine der angeblichen Reformen einführte, die dazu bestimmt waren, Europa irre zu führen, aber nicht, dem Interesse der Congo-Bewohner zu dienen, eine Reform, die darin bestand, daß monatlich vierzig Stunden Zwangsarbeit von dem Eingeborenen zugunsten des Staates verlangt wurden, war die offizielle Verkündigung von einer privaten Instruktion des Generalgouverneurs an die Distriktkommissare unter dem Datum des 23. Februar 1904 begleitet, welche darauf hinauslief, daß „dieses neue Gesetz nicht etwa die Wirkung haben dürfe, die Quellen der Schatzkammer zu verkürzen, sondern im Gegenteil sie dauernd vergrößern müsse." Hätte man klarer den Befehl geben können, die „Reform" außer Acht zu lassen?

Man bemächtigt sich des Landes, man bemächtigt sich der Landesprodukte und zuletzt bemächtigt man sich auch noch der Arbeitskraft. In den Tagen altmodischer Sklaverei exportierte man den Afrikaner, aber mit den Jahren machen wir Fortschritte. Eine höhere Intelligenz beweist die Torheit veralteter Methoden, da es ja doch so leicht ist, den Neger in seinem eigenen Heim in Fesseln zu schlagen.

Wir können den Teil des Berichtes übergehen, der sich mit der Besteuerung der Eingeborenen, den Auflagen bezüglich der Nahrungsmittel, des Dienstes als Träger usw. befaßt. Es geht daraus deutlich hervor, welch ein Fluch die parasitische Armee ist, die mit den Familien der Soldaten von den Eingeborenen gefüttert werden muß, und wie schwer es für diese ist, sich bei der Beschränktheit ihrer Anpflanzungen daneben noch selbst zu ernähren. Sogar das Holz für die Staatsdampfer wird nicht bezahlt, sondern als „Steuer" erhoben. Solche Forderungen „zwingen die Eingeborenen in der Nachbarschaft der Stationen in gewissen Fällen zu fast andauernder Arbeit" – ein neues Geständnis sklavischer Verhältnisse. Der Bericht beschreibt die Wirkung der Gummisteuer folgendermaßen:

„Dieser Umstand (Erschöpfung des Gummi) erklärt den Widerwillen der Eingeborenen gegen das Sammeln, welches an und für sich nicht besonders mühevoll ist. In der Mehrzahl der Fälle muß der Eingeborene einen Marsch von einem oder zwei Tagen machen, ehe er an die Stelle des Waldes gelangt, wo Gummireben einigermaßen häufig vorkommen. Dort verbringt er einige höchst unbehagliche Tage. Er hat sich ein provisorisches Unterkommen herzurichten, welches natürlich seine Hütte nicht ersetzen kann. Er hat nicht die Nahrung, an die er gewöhnt ist. Er hat nicht seine Frau bei sich, ist der Härte des Wetters und den Angriffen der wilden Tiere ausgesetzt. Wenn er Gummi gesammelt hat, muß er es zur Station des Staates oder der Gesellschaft bringen und erst nachher darf er in seine Ortschaft zurückkehren, wo er kaum zwei bis drei Tage verweilen kann, bis die neue Auflage ihn wieder in Anspruch nimmt.. Es ist kaum nötig, hervorzuheben, daß diese Zustände das vierzig Stunden-Gesetz in empörender Weise verletzen."

Schließlich wendet sich der Bericht den von dem Staate verfügten Bestrafungen zu. Folgende werden aufgezählt: „Übernahme von Geiseln, Einkerkerung der Häuptlinge, Stationierung von Wachposten oder Capitas, Auflagen an Geld oder Erzeugnissen, militärische Expeditionen." Der letztere Ausdruck ist ein euphemistisches Wort für „kaltblütige Massacres". Dann heißt es weiter: „Was man auch immer von den Begriffen und Vorstellungen der Eingeborenen denken mag, solche Taten, wie das Entführen der Frauen als Geiseln, verletzen unsere Begriffe von Gerechtigkeit allzusehr, um geduldet werden zu können. per Staat hat diesen Gebrauch längst verboten, ist aber nicht imstande gewesen, ihn zu unterdrücken." … Allerdings, der Staat „verbietet", aber dann duldet er nicht nur den „verbotenen" Mißbrauch, sondern befiehlt tatsächlich durch private Verfügung sein Fortbestehen. Hier gähnt wiederum der Abgrund zwischen Gesetz und Ausführung, sobald es sich um den eigenen Vorteil handelt. Der Bericht fährt fort:

„Es wurde kaum geleugnet, daß in allen Niederlassungen der A.B.I.R., welche wir besucht haben, die Einkerkerung von Frauen als Geiseln, gewalttätiges Zwingen der Häuptlinge zu entwürdigender Arbeit, Demütigungen der Häuptlinge, Auspeitschen der Gummisammler, Brutalität der schwarzen Angestellten den Gefangenen gegenüber, allgemein beobachtete Regel waren."

Dann folgt eine bezeichnende Stelle über die Wachen, „capitas", „Waldwächter" oder „Boten", wie sie nacheinander genannt werden. Es ist ein Wunder, daß man sie nicht einfach „Sanitäts-Ordonnanzen" nannte, um sie harmlos erscheinen zu lassen. Tatsächlich bestanden sie, wie wir gesehen haben, aus einigen zwanzigtausend Kannibalen, die mit Albini-Repetiergewehren bewaffnet waren. Im Berichte heißt es:

„Dieses System von eingeborenen Aufsehern (surveillants) ist Gegenstand vielfacher Kritik gewesen, sogar von Seiten staatlicher Beamten. Die protestantischen Missionare von Bolobo, Ikoko (am Mantumbasee), Lubanga, Ikau, Baringa und Bongandanga, erhoben bei ihrem Verhöre gräßliche Anklagen gegen diese Mittelspersonen. Sie brachten zahlreiche eingeborene Zeugen vor die Kommission, welche von einer großen Zahl Verbrechen und Ausschreitungen, die angeblich von diesen Wachposten verübt worden waren, berichteten. Diese Hilfskräfte, besonders die in den Ortschaften stationierten, mißbrauchen die ihnen anvertraute Autorität, wie die Zeugen bekundeten, werfen sich zu Despoten auf, beanspruchen Frauen und Nahrungsmittel, nicht nur für sich selbst, sondern auch für die Schar von Schmarotzern, die sich ihnen in der Hoffnung auf Raub anschließen und eine wahrhafte Leibgarde bilden. Ohne Erbarmen töten sie alle, welche versuchen, ihren Erpressungen und Launen sich zu widersetzen. Wenn auch die Kommission natürlich nicht imstande war, in allen Fällen die Wahrheit der Beschuldigungen festzustellen, zumal die Taten oft mehrere Jahre zurücklagen, so ist doch im allgemeinen die Berechtigung der Anklagen durch eine Masse von Beweismaterial und offiziellen Berichten erwiesen worden ... Es würde unmöglich sein, auch nur annähernd zu sagen, in wie vielen Fällen diese Wachen sich schuldig gemacht haben. Mehrere Baringa - Häuptlinge brachten uns, ihrer heimatlichen Sitte gemäß, Bündel von Stöcken, von denen jeder einzelne einen ihrer Untergebenen bedeutete, der von den Capitas getötet worden. Einer der Häuptlinge bewies auf diese Weise, daß während der letzten wenigen Jahre die Capitas 120 Morde in seiner Ortschaft verübten. Welches Zutrauen man auch immer dieser Form von Buchführung entgegenbringen möge, so gestattete ein Dokument, das von dem Direktor der A.B.I.R.-Gesellschaft der Kommission übergeben wurde, keinen Zweifel über den verhängnisvollen Charakter des Systems. Das Dokument bestand in einer Liste, aus welcher hervorging, daß in dem Zeitraume vom 1. Januar bis 1. August 1905, also innerhalb sieben Monaten, 142 Wachposten der Gesellschaft getötet oder verwundet worden waren. Es ist jedoch anzunehmen, daß in vielen Fällen der Wunsch nach Rache die Eingeborenen zu dem Angriffe verleitet hat. Auf Grund dieser Erwägung kann man sich denken, wie viele blutige Zwischenfälle durch die Anwesenheit der Wachen veranlaßt worden sind. Im übrigen haben die Agenten in ihrem Verhöre vor der Kommission ebensowenig wie die im Zuschauerraume Anwesenden auch nur den Versuch gemacht, die gegen die Wachen erhobenen Beschuldigungen zu leugnen."

Dieser letzte Satz krönt den ganzen Bericht. Wenn sogar die am Platze befindlichen Agenten nicht versucht haben, der Kommission gegenüber diese Schandtaten zu leugnen, wer darf es wagen, in ihrem Namen die Anklagen zu verneinen?

Obgleich der Rest des Berichtes mit einem Schwulst höfischer Phrasen und unbestimmter Reformvorschläge angefüllt ist, die gänzlich zwecklos sind, solange die Wurzel des Übels ungestört bleibt, so enthält er doch einige kurze Abschnitte, die der Beachtung wert sind. Bei der Erwähnung des Mangels an definitiven Instruktionen für die militärischen Expeditionen heißt es:

„Die Folgen sind oft sehr mörderische. Man darf sich darüber nicht wundern. Wenn in dem Verlaufe dieser heiklen Operationen, deren Zweck die Ergreifung von Geiseln und die Einschüchterung der Eingeborenen ist, die blutigen Instinkte der Soldaten nicht dauernd überwacht werden, sobald der Befehl zur Bestrafung von den Vorgesetzten gegeben worden, so läßt es sich schwer verhindern, daß diese Expeditionen in Morden, Plündern und Brandstiften ausarten .... Die Verantwortung für diese Mißbräuche trifft jedoch nicht immer die Befehlshaber der militärischen Expeditionen. Man muß bei seinen Erwägungen die Verwirrung in Betracht ziehen, die am oberen Congo leider noch herrscht zwischen Zuständen des Krieges und Zuständen des Friedens, zwischen Verwaltung und Knechtung, zwischen solchen, die als Feinde zu betrachten sind und solchen, die Anspruch darauf haben, als Staatsbürger in Übereinstimmung mit den Gesetzen behandelt zu werden. Befremdend wirkt auch der Ton der Berichte über die erwähnten Expeditionen. Obgleich zugegeben wird, daß die Expeditionen allein deshalb unternommen wurden, weil die Zahlung der Steuer im Rückstande war, und nicht, weil die Eingeborenen Widerstand geleistet oder gar einen Angriff gemacht hätten, wodurch allein der Gebrauch der Waffen sich hätte rechtfertigen lassen, so sprechen die Verfasser doch wiederholt von „Überraschung der Ortschaften“, „energischer Verfolgung“, „zahlreichen getöteten und verwundeten Feinden“, „Beute“, „Kriegsgefangenen“, „Friedensbedingungen“. Offenbar glaubten diese Offiziere sich im Kriegszustande zu befinden und handelten dementsprechend . Im Verlaufe dieser Expeditionen haben sich große Mißbräuche ereignet. Männer, Frauen und Kinder sind getötet worden, sogar dann, wenn sie ihr Heil in der Flucht suchten. Andere sind eingekerkert worden. Frauen wurden zu Geiseln gemacht.“

Über die Missionare finden sich folgende interessante Bemerkungen:

„In den Gegenden, in welchen sich evangelische Stationen befinden, gewöhnt sich der Eingeborene oft daran, zu dem Missionar zu gehen, wenn er glaubt, eine Beschwerde gegen einen Agenten oder Unterbeamten zu haben, anstatt sich an die Friedensrichter, seinen natürlichen Beschützer, zu wenden. Der Missionar hört ihn an, hilft ihm nach Kräften, und macht sich zum Echo aller Klagen seiner Gegend. Daher der erstaunliche Einfluß, den die Missionare in einigen Teilen des Gebietes besitzen, und zwar nicht nur unter den Eingeborenen, die im Bannkreis ihrer religiösen Propaganda stehen, sondern in all den Ortschaften, deren Sorgen sie sich haben erzählen lassen. Für den Eingeborenen der Gegend ist der Missionar der einzige Vertreter von Billigkeit und Gerechtigkeit, und dem Einflusse, den er durch seine religiösen Bemühungen gewinnt, fügt er noch das Prestige hinzu, welches im Interesse des Staates der Friedensrichter besitzen sollte."

Ich will jetzt das Dokument kurz im ganzen betrachten.

In der für die Politik der Congo-Behörden charakteristischen Weise wurde dieser Bericht der Kommission der Welt als glänzende Rechtfertigung der Verwaltung des Königs Leopold triumphierend vorgehalten. Wäre man damit durchgedrungen, so wäre das jedenfalls der frechste Schwindel gewesen, den die Welt jemals gesehen hat. Bei näherer Betrachtung erblickt man aber hinter dem Schleier höfischer Phrase und Schmeichelei die völlige Bestätigung jeder einzelnen Anklage der Reformatoren: daß man sich des Landes bemächtigt hat, daß man sich der Landesprodukte bemächtigt hat, daß die Einwohner in Sklaverei gehalten und in das Elend hinabgezerrt wurden, daß die weißen Agenten den Capitas freie Hand gewährten, daß im Widerspruche mit dem Gesetz Geiseln gehalten, Plünderungen unternommen, Morde und Verstümmelungen ausgeführt wurden, alle diese Dinge werden absolut zugestanden. Ich wüßte nicht, daß weitere Anschuldigungen jemals vorgebracht worden sind. Aber die Kommission spricht kaltblütig über Dinge, die ein Privatmann nicht erwähnen kann, ohne daß sein Blut in Wallung gerät. Allerdings könnte der Bericht den Eindruck machen, als ob es sich nur um vereinzelte Handlungen handelte, während die vorliegenden Aussagen wie auch die allgemeine Entvölkerung des Landes klar beweisen, daß sie fortwährend überall vorkommen und Begleiterscheinungen eines Systems sind, welches von Leopoldville bis zu den großen Seen, von der französischen Grenze bis nach Katanga reicht. Ob Privatdomäne, Krondomäne oder konzessioniertes Gebiet, ob Land der Kasai-, Anversoise-, A.B.I.R.- oder Katanga-Gesellschaften, überall herrscht Grauen und Blutvergießen.

Jedoch in einem Punkte weicht das Urteil der Reformatoren von dem der Kommission ab: nämlich in ihrer Bewertung des Ernstes der Lage und in ihrer Ansicht über die absolute Notwendigkeit radikaler Reformen. Man muß in Betracht ziehen, daß von den drei Kommissaren zwei niemals vorher in Afrika gewesen waren, während der dritte ein unmittelbar unterstellter Beamter der angegriffenen Gesellschaften ist. Sie scheinen die unklare Vorstellung gehabt zu haben, daß derartige gräßliche Geschehnisse die notwendigen Phasen kolonialer Ausbreitung darstellen. Hätten sie, wie ich, in Britisch-Westafrika Reisen gemacht, so würden sie dort erfahren haben, daß ein gegen einen Schwarzen geführter Schlag, z. B. in Sierra Leone, den Weißen einem schwarzen Polizisten, einem schwarzen Richter und einem schwarzen Gefängnisbeamten ausliefert. Dann würden sie begriffen haben, daß die Verwaltung sich anderer Mittel bedienen kann. Hätten sie doch nur von dem britischen Gouverneur von Jamaica gelesen, der im Angesichte eines gefährlichen Aufruhrs einen Eingeborenen ohne die gesetzlichen Formalitäten hinrichten ließ, nach London zurückberufen, in Untersuchung genommen wurde und kaum mit seinem Leben davon kam. Durch eine derartige Disziplin müssen Europäer in den Tropen, gleichgültig, welcher Nation sie angehören, gezwungen werden, den Geist ihrer Zivilisation aufrecht zu erhalten. Die menschliche Natur ist schwach, und der Einfluß der Umgebung ist stark. Auch Deutsche und Engländer sind in einzelnen Fällen diesen Einflüssen erlegen. Keine Nation kann unter derartigen Verhältnissen große individuelle Superiorität beanspruchen. Aber sowohl Deutschland wie England (ich würde auch Frankreich nennen, wenn die Zustände im französischen Congo nicht wären) können behaupten, daß ihr Verwaltungssystem Schandtaten in demselben Maße erschwert, wie das belgische System dieselben erleichtert und befördert. Diese Dinge sind nicht notwendige Übel, wie die Kommissare anscheinend geglaubt haben, und anderweitig werden sie nicht geduldet. Wie kann ihr unreifes Urteil auch nur einen Augenblick in die Waagschale fallen gegenüber den Äußerungen solcher Reformatoren wie Sir Harry Johnston oder Lord Cromer? Tatsächlich ist die Leitung einer tropischen Kolonie die schwerste Prüfung für die Nation, welche sie unternimmt, und von größter Bedeutung für die Entwicklung dieser Nation. Hilflose Volksscharen zu sehen, ohne sie zu unterdrücken, großen Reichtum zu finden, ohne ihn an sich zu reißen, unumschränkte Gewalt zu haben, ohne sie zu mißbrauchen, den Eingeborenen emporzuheben, anstatt selbst herabzusinken – das alles stellt die höchsten Anforderungen an den Geist, der die Nation beherrscht. Wir alle haben gelegentlich andere enttäuscht und eigene Enttäuschungen erlebt. Aber niemals sah man ein so hoffnungsloses, ein so gräßliches Fiasko, von solcher Tragweite für die Welt, eine solche Herabwürdigung des guten Namens der Christenheit und der Zivilisation, wie das Fiasko der Belgier am Congo.

Und alles dieses ist geschehen und geduldet worden in einem Zeitalter des Fortschritts. Das größte, weittragendste Verbrechen, das die Geschichte kennt, ist für unsere Jahre aufgespart worden. Es gibt eine Entschuldigung für die Ausrottung einer Rasse, wenn zwei Völker, wie es bei den Sachsen und Kelten der Fall war, um dasselbe Land kämpfen, in dem nur für eines von beiden Platz ist. Entschuldbar sind auch, bis zu einem gewissen Grade, religiöse Massenmorde, wie sie von Mohamed II. in Konstantinopel oder Alba in den Niederlanden verübt wurden, insofern die bigotten Mörder ehrlich glaubten, ihr brutales Werk im Interesse Gottes zu verrichten. Aber hier haben die eigentlichen Übeltäter aus der Entfernung mit kaltem Blute zugesehen, im vollen Bewußtsein dessen, was sie täglich anrichteten, und in dem einzigen Bestreben, ihrem bereits ungeheuren Reichtume noch weitere Schätze hinzuzufügen. Man bedenke diese Tatsache und erwäge die Versicherungen der Menschenfreundlichkeit, mit denen das grauenhafte Menschenopfer eingeleitet wurde, betrachte das Lügengespinst, in das man die Vorgänge einhüllte, die Verleumdungen, mit denen man einige wenige ehrliche Männer verfolgte, weil sie den Schleier lüften wollten, das Aufhetzen einer Religion gegen die andere, einer Nation gegen die andere in dem Bestreben, das Verbrechen fortzusetzen, und dann, nachdem man alle diese Einzelheiten sorgfältig abgewogen, sage man mir, wo die Geschichte Ähnliches zu berichten weiß! Was bedeutet denn Fortschritt? Etwa, daß man mit dem Automobil ein wenig schneller reisen kann? Daß man dem Geschwätz des Grammophons zuhören kann? Das sind Spielereien. Aber wenn Fortschritt etwas Geistiges ist, ja, dann sind wir eben nicht fortgeschritten. Solch ein Greuel, wie das von Belgien und dem Congo, würde vor vierzig Jahren unmöglich gewesen sein. Keine europäische Nation würde es verübt haben, und hätte sie es versucht, so würde keine andere unterlassen haben, ihre Stimme zum Proteste zu erheben. In jenen langsameren Tagen herrschte mehr Anstand, mehr Prinzip. Wir leben in Zeiten des Hastens, aber man nenne es nicht Fortschritt. Die Geschichte vom Congo läßt solchen Anspruch einigermaßen lächerlich erscheinen.

IX. Der Congo-Staat nach dem Besuche der Kommission

Die hohen Hoffnungen, welche die Ankunft der Kommission bei den Eingeborenen und ihren wenigen europäischen Beschützern wachgerufen hatte, wurden bald bitterlich enttäuscht. Der unermüdliche Herr Harris hatte der Kommission nach ihrer Abreise den Bericht über einige neue Fälle nachgesandt, die zu seiner Kenntnis gelangt waren. Zum Beispiel sagte ein Häuptling aus, daß man ihn in seinem Dorfe Boendo festgehalten habe, um ihn zu verhindern, mit der Kommission in Verbindung zu treten. Es gelang ihm, seinen Wachen zu entfliehen, jedoch wurde er damit bestraft, daß ein Wachposten seine Frau erschlug. Er brachte 182 lange und 76 kürzere Zweige mit sich, um sie der Kommission vorzulegen. Sie stellten ebensoviele Erwachsene und Kinder dar, die während der letzten Jahre in seinem Distrikte von der A.B.I.R. -Gesellschaft gemordet waren. Sein Bericht über die Art, wie diese unglücklichen Menschen ums Leben gekommen waren, ist so entsetzlich, daß man die Einzelheiten nicht wiedergeben kann. Die wildesten Erfindungen der Inquisition wurden übertroffen. Frauen wurden getötet, indem man ihnen Stangen in den Leib bohrte. Als der entsetzte Missionar den Häuptling frug, ob er aus persönlicher Erfahrung spreche, antwortete derselbe: „Sie haben meine Tochter Nsinga auf diese Weise gemordet. Ich habe die Stange in ihr gefunden." Und da wagt ein angesehener belgischer Staatsmann in diesem Jahre der Gnade zu schreiben, daß sie die wohltätige und philanthropische Mission fortsetzen, welche sie von ihren Vätern ererbt haben!

In einem späteren Schreiben führt Herr Harris die Namen der Männer, Frauen und Kinder an, die von den Wachen eines gewissen Herrn Pilaet gemordet wurden. Er meldet: „Im vorigen oder vorvorigen Jahr wurde die junge Frau Imenga an einen gabelförmigen Baum gebunden und mit einem Beile in zwei Hälften gehackt, indem man bei der linken Schulter begann und abwärts durch Brust und Bauch zur Seite wieder herausschlug". Unter genauer Angabe des Namens und Platzes stellt er fest, daß die Wachen Bruder und Schwester, Vater und Tochter gezwungen hatten, öffentlich Blutschande miteinander zu treiben. „O, Engländer!", flehte der Häuptling zuletzt, „bleibe nicht lange fort! Denn sonst werden sie kommen, sicher werden sie kommen, und dann werden diese schwachen Beine mich nicht tragen und ich werde nicht fliehen können! Ich bin meinem Ende nahe! O, sorge dafür, daß sie mich in Frieden sterben lassen. Bleibe nicht ferne!"

„Durch die Erzählungen bin ich so bewegt worden, Exzellenz, daß ich im Namen des Congo-Freistaates versprochen habe, daß Sie, Exzellenz, in Zukunft die Leute nur als Strafe für Verbrechen töten werden. Ich sagte ihnen, daß der königliche Inspektor, wie ich hoffe, auf dem Wege zu ihnen sei und daß er sie sicherlich anhören und ihnen Zeit geben würde, ihren Gleichmut wieder zu finden."

Der Gedanke ist schrecklich, daß solch ein Versprechen – ohne Verschulden des Herrn Harris – nicht erfüllt worden ist. Werden die Kommissare denn nicht von dem Gedanken aus ihrem Schlafe geschreckt, daß diejenigen, die so großes Vertrauen in sie setzten, als einzige Belohnung für ihre Aussagen vor der Kommission bestraft wurden und ihre Lage sich gräßlicher gestaltete denn je vorher? Der schließliche praktische Erfolg der Kommission war der, daß über die Eingeborenen, nicht aber über die Schuldigen das Verhängnis hereinbrach.

Herr Malfeyt wurde als königlicher Großkommissar hinausgesandt unter dem Vorwande, Reformen in die Wege zu leiten. Wie nichtig dieser Vorwand war, ergibt sich aus der Tatsache, daß anstelle jenes Costermans, der nach seiner Unterredung mit den Kommissaren Selbstmord begangen hatte, Herr Wahis zum Generalgouverneur ernannt worden war. Wahis hatte bereits zwei Dienstperioden als Gouverneur durchgemacht und gerade unter seiner Amtsführung waren alle die Mißbräuche entstanden, die von der Kommission verurteilt wurden. Hätte König Leopold klarer zeigen können, wie wenig er jede wirkliche Reform beabsichtigte?

Herr Malfeyts Besuch war als Schritt zur Besserung gekennzeichnet worden. Die britische Regierung erhielt die Versicherung, daß seine Reise alle notwendigen Reformen veranlassen werde. Als er jedoch im Congo eintraf, erklärte er, keine Machtvollkommenheit zum tätigen Eingreifen zu besitzen, sondern daß er nur gekommen sei, um zu sehen und zu hören. Auf diese Weise wurden wiederum ein paar Monate gewonnen, ehe irgend welche Änderungen vorgenommen werden konnten. Aus dieser ganzen Reihe unfähiger Sendboten und „reformierender" Komitees, deren wirkliche Aufgabe niemals war, Reformen herbeizuführen, ergab sich nur als winzige Entschädigung die tröstende Gewißheit, daß das falsche Spiel wenigstens entlarvt wurde und jetzt nicht weiter fortgesetzt werden kann. Eine Regierung, die jetzt noch Versprechungen aus derselben Quelle

Glauben schenkte, würde sich nur vor der ganzen Welt lächerlich machen.

Wie verhielt sich nun die A.B.I.R.-Gesellschaft, deren Schändlichkeiten vor der Kommission enthüllt worden waren und deren Verwalter, Herr Lejeune, nach Europa geflohen war? Schämte man sich der bluttriefenden Taten? Hatte man den Wunsch, seine Politik irgendwie zu verändern, nachdem die eigenen Beamten die Wahrheit der Enthüllungen hatten eingestehen müssen? Die Antwort ergibt sich aus der nachfolgenden Schilderung einer Unterredung zwischen Herrn Stannard und Herrn Delvaux, der die Stationen seines entehrten Kollegen aufgesucht hatte:

„Herr Delvaux sprach von der Untersuchungskommission in verächtlicher Weise und zeigte großen Ärger über unsere Aussagen. Er erklärte, daß die A.B.I.R.-Gesellschaft volle Autorisation besitze, bewaffnete Posten auszusenden, die Leute zur Einsammlung des Gummi zu zwingen und diejenigen einzukerkern, welche nicht Folge leisteten. Vor kurzer Zeit brachten die Bewohner einer Ortschaft dem hiesigen Agenten Gummi, da die Quantität jedoch nicht hinreichend war, wies er sie zurück, ließ die Männer von den Beamten der A.B.I.R.-Gesellschaft peitschen und trieb sie fort. Der Direktor rechtfertigte den Agenten. Die Kommission hatte erklärt, daß die A.B.I.R. nicht die Befugnis habe, bewaffnete Posten in die Ortschaften zu senden, um die Leute peitschen und zur Gummisuche in den Wald treiben zu lassen. Sie seien nur „Waldwächter" und in Ausübung dieses Amtes bestehe ihre Arbeit. Als wir diese Tatsache dem Herrn Delvaux vorhielten, machte er sich darüber lustig und sagte, der Name habe nichts mit der Sache zu tun. Die einen nennen die Wachposten so, die anderen so. Wir erklärten ferner, daß kein Zwang für die Leute bestehe, ihre Steuern ausschließlich in Gummi zu bezahlen, daß sie vielmehr auch andere Waren, ja, sogar Geld bringen könnten. Das leugnete er und meinte, wenn von andersartiger Steuer die Rede sei, so bedeute das nur, daß ein Agent nach Gutdünken irgend eine andersartige Steuer auferlegen könne. Aber eine Wahl stehe den Eingeborenen nicht zu. Die A.B.I.R.-Gesellschaft zöge die Zahlung der Steuer in Gummi vor … Dies also ist das Verhalten der A.B.I.R., trotzdem Baron Nisco, als höchste richterliche Autorität im Staate, entschieden hat, daß die Eingeborenen ihre Steuern in den Waren zahlen dürften, die sie am besten beschaffen könnten. Alle diese Dinge wurden in Gegenwart des königlichen Großkommissars verhandelt, der nicht widersprach oder protestierte, ob er sie nun billigte, oder nicht."

Eine oder zwei Wochen nach der Abreise der Kommission war

der Zustand des Landes so schlimm, wie er nur jemals zuvor gewesen war. Es kann nicht oft genug wiederholt werden, daß nicht lokale Ursachen daran Schuld waren, sondern daß der Druck stets von den zentralen Behörden ausging. Wenn das noch bewiesen werden müßte, so wäre der Prozeß Van Caelcken Beweis genug. Diesem Agenten, der verhaftet worden war, gelang es (ähnlich wie im Falle Caudron) nachzuweisen, daß die wahre Schuld bei seinen Vorgesetzten lag. In seiner Verteidigung begründete Van Caelcken seine Befugnisse mit einem Briefe des Generalkommissars de Bauw (des höchsten Vollziehungsbeamten im Distrikte) und mit einem Rundschreiben, gezeichnet „Costermans" (Generalgouverneur), welches ihm von seinem Direktor übermittelt worden war. Während der Verhandlungen las er diese Dokumente vor, in denen über die Verminderung des Gummiertrages geklagt und die Agenten der A.B.I.R. ermahnt wurden, nicht zu vergessen, daß ihnen im Interesse der Gummiproduktion das Recht der „contrainte par corps" (des körperlichen Zwanges) zustehe und zwar in demselben Grade, wie den Agenten der Société Commerciale Anversoise au Congo. Van Caelcken erklärte, daß, wenn der Generalgouverneur und der Generalkommissar nicht gewußt hätten, was sie schrieben und unterzeichneten, er jedenfalls gewußt habe, welche Befehle er zu befolgen habe. Es sei nicht seine Sache, die Gesetzlichkeit oder Ungesetzlichkeit dieser Befehle zu prüfen, vielmehr hätten seine Vorgesetzten wissen und abwägen sollen, welche Befehle sie ihm zur Ausführung übergaben. Die Ausübung des „körperlichen Zwanges" sei kein Geheimnis, da ja doch am Ende eines jeden Monats ein Bericht über die stattgefundene „contrainte par corps" unterschrieben und im Duplikate der Behörde übergeben werden müsse, von dem eine Kopie an die Regierung weiter befördert wird.

Während diese organisierten Schandtaten im Congo-Gebiete andauerten, unternahm König Leopold in Belgien einen neuen Schritt, der in seinem Zynismus alle früheren Leistungen übertraf. Da er fühlte, daß im Angesichte des Berichtes seiner eigenen Delegierten etwas geschehen müsse, ernannte er eine neue Kommission mit folgender Aufgabe: „Die Schlußfolgerungen der Untersuchungskommission zu studieren, die gewünschten Veränderungen zu formulieren, und praktische Mittel zu ihrer Ausführung zu finden."

Es ist der Mühe wert, die Namen der Männer aufzuzählen, die für dieses Werk auserwählt wurden. Hätte ein europäischer Areopag gerade die Männer vor sein Forum gerufen, die in dieser gräßlichen Angelegenheit Angeklagte waren, so hätten alle diese Auserwählten des Königs mit Ausnahme von zweien oder dreien als Angeklagte erscheinen müssen. Da ist Van Maldeghem, der Präsident, ein Jurist, der über das Congo-Gesetz geschrieben hatte, aber zu den Verbrechen nicht in direkter Beziehung stand; Janßens, Präsident der früheren Kommission, von unbescholtenem Charakter; M. Davignon, belgischer Politiker. Bis hierher läßt sich die Wahl hören. Aber weiter: De Cuvelier, eine Kreatur des Königs und mit verantwortlich für die Congo-Schrecken; Droogmans, Kreatur des Königs, Verwalter der geheimen Fonds, die sich aus des Königs afrikanischen Besitzungen ergeben, ferner selbst Präsident eines Gummitrusts; Arnold, Kreatur des Königs; Liebrechts, Kreatur des Königs; Gohr, Kreatur des Königs; Chenot, Congo-Kommissar; Tombeur, Congo-Kommissar; Five, Congo-Inspektor; Nys, der hauptsächlichste juristische Fürsprecher des Systems des Königs; De Hemptinne, Präsident des Kasai-Gummi-Trust; Mols, Administrator der A.B.I.R.

Ist es nicht klar, daß mit Ausnahme der ersten drei, gerade diese Leute auf der Anklagebank saßen? Diese ganze Ernennung ist ein Beispiel des zynischen Humors, der der unbegreiflichen Geschichte vom Congo den grotesken Rahmen verleiht. Es bedarf nicht erst der Erwähnung, daß eine solche Sippschaft niemals Reformen zeitigte. Man kann sich nur darüber freuen, daß die Anwesenheit der kleinen, humanen Minorität vielleicht die anderen verhindert hat, neue Mittel der Bedrückung auszuhecken.

Man kann jedoch nicht behaupten, daß das Vorgehen der Congo-Kommission keine gerichtlichen Schritte und keine Verurteilung herbeigeführt habe. Wie hätte man aber jemals erraten können, wer der Mann sein würde, den man auf die Anklagebank zerrte? Die Aussagen der Eingeborenen und Missionare hatten bewiesen, daß die ganze belgische Hierarchie, vom Generalgouverneur an bis zum hilfseifrigen Kannibalen, Blutschuld auf sich geladen hatte. Wer von ihnen litt die gerechte Strafe? Kein einziger, sondern Herr Stannard, einer der Ankläger. Er hatte bewiesen, daß die Soldatenknechte eines gewissen Herrn Hagstrom Eingeborene brutal behandelt hatten. Lontulu, der Häuptling, hatte folgende Aussagen gemacht:

„Lontulu, der erste Häuptling von Bolima, kam mit zwanzig Zeugen, da sein Kanoe nicht mehr fassen konnte. Er brachte 110 Zweige, jeden einzelnen für ein Menschenleben, das des Gummis wegen vernichtet worden war. Die Zweige waren von verschiedener Länge, je nachdem sie Häuptlinge, Männer, Frauen oder Kinder bedeuteten. Er hatte eine gräßliche Geschichte von Massacres, Verstümmelungen und Menschenfresserei zu erzählen, und die Wahrheit seiner Aussagen war völlig erwiesen. Sie wurden des weiteren von anderen Augenzeugen bestätigt. Die Verbrechen wurden auf Veranlassung und mit Kenntnis weißer Männer verübt. Einmal wurden die Wachen gepeitscht, weil sie nicht eine genügende Zahl ermordet hatten. Als sie ein anderes Mal wieder eine Anzahl Leute getötet hatten, unter denen sich auch der oberste Häuptling Isekifasu nebst seinen Frauen und Kindern befand, wurden die Leichname, ausgenommen der des Isekifasu, in Stücke geschnitten und die kannibalischen Soldatenknechte der A. B. I. R erhielten ihre also gewonnene Ration an Fleisch. Die Eingeweide usw. wurden im Innern der Hütte und draußen aufgehängt und ein kleines in zwei Teile geschnittenes Kind wurde an einem Pfahle aufgespießt. Ein anderes Mal wurden dem Häuptling Lontulu die Leichname seiner Leute gezeigt und der Gummiagent frug ihn, ob er nun Gummi beibringen würde. Obgleich er ein Häuptling von beträchtlicher Bedeutung war, wurde er ausgepeitscht, eingekerkert und zusammen mit Leuten, die als Sklaven galten, mit einer Schlinge um den Hals gefesselt, zu gemeinster Arbeit gezwungen und sein fast bis auf den Boden reichender Bart wurde von dem Gummiagenten abgeschnitten, nur weil er eine andere Ortschaft besucht hatte.“

In dem Kreuzverhöre vor der Kommission blieb seine Aussage unerschütterlich. Hier sind einige der Fragen und Antworten:

Präsident Janßens: M. Hagstrom leur a fait la guerre. Il a tué beaucoup d'hommes avec ses soldats. (Zu Lontulu gewandt): Wurden die Leichname den Leuten von Monji usw. zum Fraße vorgesetzt?

Lontulu: Ja. Sie zerstückelten dieselben und fraßen sie.

Baron Nisco: Haben sie dich gepeitscht?

Lontulu: Wiederholt.

Baron Nisco: Wer hat deinen Bart abgeschnitten?

Lontulu: Herr Hannotte.

Präsident Janßens: Hast du gesehen, wie die Wachen deine Leute getötet haben?

Lontulu: Ja, meine ganze Familie ist ausgerottet.

Präsident: Gib uns die Namen.

Lontulu: Die Häuptlinge Bokomo, Isekifasu, Botamba, Longeva, Bosangi, Booifa, Eongo, Lomboto, Loma, Bayolo.“ (Dann folgten Namen von Frauen, Kindern und Männern, die nicht Häuptlinge waren.) Darf ich meinen Sohn rufen, damit ich keine Fehler mache?

Präsident: Es ist nicht nötig; fahre fort.

Lontulu: Bomposa, Beanda, Ekila.

Präsident: Ist es sicher, daß jeder deiner 110 Zweige eine getötete Person bekundet?

Lontulu: Ja.
Präsident: Wurde Isekifasu gleichfalls damals getötet?
Die Antwort auf diese Frage wurde nicht aufgezeichnet.
Präsident: Hast du gesehen, wie seine Eingeweide an seinem Hause hingen?
Lontulu: Ja.
Frage: Setzte man die Leichname den Wachen und Leuten, die geholfen hatten, zum Fräße vor?
Lontulu: Ja, sie aßen dieselben. Die am Kampfe teilgenommen, zerstückelten die Leichname und fraßen sie … Er wurde chikottirt und frug: „Warum tut Ihr das? Ist es recht, einen Häuptling zu peitschen?“ Dann gab er einen umfassenden Bericht von seiner grausamen Behandlung und seinen Qualen. –

Herr Hagstrom verklagte Herrn Stannard wegen Beleidigung, weil er geäußert hatte, daß dieses Beweismaterial vor der Kommission verhandelt worden sei. Selbstverständlich war ein Beweis der Tatsache nur dann möglich, wenn man das in Brüssel befindliche Material einsah. Aber da Hagstrom bei dem Versuche, an den Missionaren Rache zu nehmen, nur eine Drahtpuppe in der Hand der Regierung des Congo war (d. h. eine Drahtpuppe des Königs selber), war es nicht wahrscheinlich, daß man die Dokumente hergeben würde, um den Zwecken der Gerechtigkeit zu dienen. Mithin wurde das Protokoll nicht zur Verfügung gestellt. Wie konnte also Herr Stannard beweisen, daß seine Angaben der Wahrheit entsprachen? Natürlich, indem er den Häuptling Lontulu als Zeugen anrief. Aber der unglückliche, geschlagene, gemarterte Lontulu, der Zierde seines Bartes beraubt, gebrochen an Geist und Körper, war kurz vor der gerichtlichen Verhandlung eingekerkert worden. Er wußte wohl, welches Geschick ihn treffen würde, wollte er gegen seine Peiniger aussagen. Er zog deshalb alles zurück, was er vor der Kommission gesagt hatte – und wer bringt es über das Herz, ihn zu tadeln? So erhielt Herr Hagstrom das gewünschte Urteil, und die belgische Reptilienpresse verkündete, daß Herr Stannard als Lügner entlarvt worden sei. Er wurde zu drei Monaten Gefängnis oder einer Geldstrafe von etwa 800 Mark verurteilt.

In dem Augenblicke, in welchem ich diese Zeilen schreibe, dulden zwei weitere dieser mutigen Missionare (diesmal Amerikaner, Herr Morrison und Herr Shepherd) eine ähnliche Verfolgung am Congo. Heute ist es die Kasai-Gesellschaft, welche die Rolle der beleidigten Unschuld spielt. Aber die Augen Europas und Amerikas folgen den Verhandlungen, und Herr Vandervelde, der furchtlose belgische Freiheitsapostel, hat sich auf den Weg gemacht, um die Angeklagten zu vertreten. Was Herr Labori für Dreyfus tat, hat Herr Vandervelde für den Congo zu tun übernommen, aber diesmal handelt es sich um das Wohl und Wehe einer ganzen Nation. Er und sein edler Helfer Herr Lorand – das sind die zwei Männer, welche den Lichtpunkt in dem Schatten darstellen, der Belgiens guten Namen auf lange Zeit verdunkeln wird.

Ich werde mich jetzt noch flüchtig den Übeltaten zuwenden, die sich von dem Zeitpunkte an ereigneten, an welchem wir stehen geblieben sind. Ich ziehe es vor, nur einen flüchtigen Blick auf diese Greuel zu werfen, nicht etwa aus dem Grunde, weil uns ein umfangreiches Material fehlt, sondern deshalb, weil meine Leser von allen diesen Gräßlichkeiten ebenso angeekelt sein werden, wie ich es bin. Zunächst lasse ich einige Bemerkungen folgen, die von einer im Juli und September 1907 von W. Cassie Murdoch unternommenen Reise stammen. Es handelt sich wieder um die Krondomäne, dem Privateigentum des Königs Leopold, über welches wir die bis zum Jahre 1894 zurückreichenden Berichte des Herrn Clark und Herrn Scrivener bereits kennen gelernt haben. Dreizehn Jahre sind seitdem verflossen, ohne daß ein Wandel eingetreten ist! Und was haben diese dreizehn Jahre an Mord und Marter hervorgebracht! Könnte man alle jene Klagelaute in einen einzigen zusammenfassen, welch ein gewaltiger Schrei würde sich da zum Himmel erheben ! Das Höllenfeuer des Congo brennt am heißesten in der königlichen Domäne. Und das Geld, welches man aus den gemarterten Menschen herausschindet, wird dann noch dazu verwandt, um Zeitungen und Politiker zu bestechen, auf daß das „System" weiter fortdauern könne. So schwingt das Teufelsrad im Kreise herum.

Und nun einige Auszüge aus Herrn Murdochs Bericht: „Ich sagte zu dem alten Häuptling der größten Ortschaft, durch die mich mein Weg führte, daß seine Leute zahlreich zu sein schienen. ‚Ach', antwortete er, ‚meine Leute sind alle tot. Die Sie hier sehen, sind nur sehr wenige von denen, die ich einst hatte." Und die Anzeichen, daß die Ortschaft einst große Ausdehnung und Wichtigkeit besessen hatte, waren deutlich genug. Es kann nicht dem geringsten Zweifel unterliegen, daß diese Entvölkerung direkt durch den Staat verschuldet worden ist. Wohin ich auch ging, hörte ich Erzählungen von Mordzügen der Soldaten. Sie müssen eine ungeheure Zahl der Einwohner erschossen oder zu Tode gemartert haben. Und die Hälfte derjenigen, die der Büchse entgingen, fanden ihren Tod durch Hunger und Wetter. Mehr als einer meiner Träger konnte mir erzählen, wie seine Ortschaft überfallen worden, und wie er knapp mit dem

Leben davongekommen sei. Die Eingeborenen sind kein kriegerisches Volk, und ich hörte von keinem einzigen Falle in dem man auch nur den Versuch eines Widerstandes gemacht hätte. Das sind gerade die Art Leute, welche den Staatssoldaten die größten Chancen bieten. Sie flüchten lieber, als daß sie kämpfen. Und schließlich haben sie auch keine anderen Waffen, als Bogen und Pfeile. Ich habe versucht, die wahrscheinliche Zahl der Überlebenden auszurechnen, mit denen ich in Berührung gekommen bin. Ich glaube, sie betrug höchstens fünftausend, aber noch vor einigen Jahren muß sie viermal so groß gewesen sein. Auf meiner Rückkehr hatte ich den Wunsch, Mbelo zu besuchen, die Station des Leutnant M…, wo derselbe so unsagbare Schandtaten verübt hat. Meine Nachfragen ergaben, daß dort überhaupt keine Menschen mehr leben und daß die Wege dorthin ‚tot', d. h. überwachsen seien. Als ich auf einen dieser Wege stieß, ergab sich deutlich genug, daß er seit langer Zeit nicht mehr gebraucht worden war. Und später konnte ich mich gleichfalls durch eigene Anschauung überzeugen, daß der Distrikt, in dem sich früher große Ortschaften befunden hatten, nun vollkommen menschenleer war …

„Mit Ausnahme weniger Leute, die nahe bei der nun auf dieser Seite des Sees befindlichen staatlichen Station leben und dem Staate große Matten nebst „Kwanga" liefern, waren alle Leute, die ich sah, zur Gummisteuer gezwungen. Diese Gummisteuer ist eine unerträgliche Last; den Grad der Unerträglichkeit hätte ich nicht für möglich gehalten, hätte ich ihn nicht durch eigene Anschauung kennen gelernt. Es ist schwer, mit ruhigem Blute darüber zu schreiben. Ich fand folgende Zustände:

„Die Steuer verlangt monatlich eine Arbeitsleistung von 20 bis 25 Tagen. Niemals hat in der Krondomäne ein Gesetz bestanden, welches monatlich nur vierzig Stunden gezwungener Arbeit verlangte. Ein solches Gesetz wird – wenigstens in dem von mir besuchten Gebiete – auch niemals aufkommen, solange die „Gummisteuer" erhoben wird, denn wäre dasselbe in Kraft, so würde und könnte kein Gummi erzeugt werden aus dem einfachen Grunde, weil in diesem Teile der Krondomäne überhaupt kein Gummi mehr übrig geblieben ist.

„Es dauerte einige Zeit, bis ich die Entdeckung machte, daß in dem Krongebiet westlich vom Leopoldsee kein Gummi mehr vorhanden ist. Auf meinem Wege traf ich andauernd zahlreiche Männer, die auf die Suche nach Gummi gingen, und hörte mit Erstaunen, welch eine Entfernung sie zurückzulegen hatten. Ihre Angaben schienen so unglaublich, daß ich denselben einigermaßen skeptisch gegenüberstand. Aber ich hörte dieselbe Geschichte so oft und in so vielen verschiedenen Orten, daß ich sie zuletzt glauben mußte. Bei meiner Rückkehr spürte ich der Sache nach und fand, daß die Erzählungen völlig wahr seien. Und ich entdeckte ferner, daß die Privatdomäne Gummi in Wäldern sammeln läßt, die dreißig bis vierzig englische Meilen jenseits der Grenzen der Krondomäne hegen.

„Wenn einmal die Reben gefunden sind, macht die Gewinnung des Gummi nur einen kleinen Teil der Arbeit aus. Ich habe eine sorgfältige Berechnung der Entfernungen angestellt, welche diese Leute gehen müssen und finde, daß sie im Durchschnitte nicht weniger als 300 Meilen hin und zurück zu laufen haben. Indessen nimmt der Marsch zum Walde und zurück nicht 20 bis 25 Tage in Anspruch. Die 300 Meilen erledigen sie vielmehr in zehn oder zwölf Tagen. Der Rest der Zeit wird zur Suche nach den Reben und zum Anzapfen derselben verwandt. Ich begegnete einer Schar Eingeborener, die den gesammelten Gummi mit sich führte und sechs Nächte im Walde zugebracht hatte. Das war aber auch die geringste Zeitdauer. Meistens mußten sie zehn, manchmal fünfzehn Nächte im Walde aushalten. Zwei Tage, nachdem ich die Domäne verlassen hatte, traf ich einige Männer, die mit leeren Händen zurückkehrten, trotzdem sie über acht Tage vergeblich auf der Suche gewesen waren. Ich konnte mir gar nicht denken, was die armen Wichte anfangen würden, denn wenn sie an dem bestimmten Termine unfähig waren, die gewöhnliche Quantität Gummi vorzuweisen, so harrte ihrer das Gefängnis.

„Die Arbeiter des „Chef de poste“ in Mbongo beschrieben ein Gebräu, welches den Capitas manchmal eingegeben wird, wenn ihre Lieferung Gummi gering ist. Der weiße Mann backt grüne Tabakblätter und weicht sie im Wasser ein. Dann wird roter Pfeffer hinzugetan und eine Dosis dem Capita beigebracht. Dieser ränkevolle Beamte bekommt es fertig, jährlich dreizehn mal „Steuern“ zu erpressen. In einer Ortschaft kaufte ich eine Vorrichtung, vermittels welcher die Eingeborenen berechnen, wann eine Steuer fällig ist. Holzstücke werden an ein Rohr gebunden (jedes einen Tag im Monat darstellend). Ein Stück wird jeden Tag abgenommen. Als ich sie zählte, fand ich, daß nur 28 Querstücke am Rohre waren. Auf meine Frage hörte ich, daß ursprünglich 30 Stücke sich am Rohre befunden hatten, der weiße Mann aber habe so oft am 28. Tage seine Leute mit der Botschaft gesandt, die Zeit für die Lieferung sei herbeigekommen, daß sie schließlich zwei der Querstücke entfernten. Einzelne Gewaltakte haben hier meistens aufgehört. Die staatlichen Agenten scheinen zu der Überzeugung gekommen zu sein, daß es eine Verschwendung von Patronen ist, die Leute niederzuschießen. Aber das ganze System ist eine ungeheuerliche Scheußlichkeit, welche den Leuten größeren Jammer bringt, als die Phantasie sich ausmalen kann. Ein Mann sagte zu mir: ‚Sklaven sind im Vergleiche zu uns glückliche Menschen. Sklaven werden von ihren Herren beschützt, ernährt und gekleidet. Aber mit uns machen die Capitas, was sie wollen. Unsere Frauen müssen die Cavassa-Gärten pflanzen und im Strome fischen, während wir unsere Tage in der Arbeit für „Bula - Matadi“ verbringen. Nein, wir sind nicht einmal Sklaven.‘

„Und der Mann hatte recht. Das ist nicht Sklaverei, wie man den Begriff der Sklaverei allgemein auffaßt. Es ist nicht einmal der Begriff des unzivilisierten Afrikaners von der Sklaverei. Niemals hat es eine Sklaverei gegeben, die in ihrer Unterdrückung absoluter und in ihrer Tyrannei teuflischer war.“–

Aus all diesen Mitteilungen ergibt sich, daß, soweit der größte Teil der Eingeborenen betroffen ist, das Problem bereits gelöst und der bittere Kelch des Todes geleert worden ist. Nein! Europäischer Einspruch kann sie nicht mehr retten. In vielen Orten sind sie ausgerottet worden. Aber sie waren die Schutzbefohlenen Europas. Und wenn man in Europa nicht ganz das Schamgefühl verloren hat, so wird man zu ihrem Geschick ein Wort zu sagen haben.

X. Die Aussagen der römisch-katholischen Kirche

Man muß zugestehen, daß die römisch-katholische Kirche als organisierte Körperschaft niemals in Sachen des Congo ihre Stimme so laut erhoben hat, wie sie hätte tun sollen. Hier hätte ein Las Casas einen Wirkungskreis gefunden, wie er nie vorher existierte. Es war der höchste Stolz der römischen Kirche, daß sie in den dunklen Tagen menschlicher Geschichte diejenige Kraft war, welche mit ihren geistlichen Mitteln zwischen dem Bedrücker und dem Bedrückten stand. Das Andenken daran ist im Congo-Land in traurige Vergessenheit geraten. Allerdings sollen die Missionen dort ausgezeichnete Arbeit verrichtet haben, aber die Macht der Kirche hat man dort niemals gegen die fortgesetzten barbarischen Handlungen des Staates angerufen. Als Milderungsgrund mag man anführen, daß die hauptsächlichsten katholischen Niederlassungen flußabwärts liegen, weit von den Gummiregionen entfernt. Da ein unwürdiger Versuch gemacht worden ist, die Angelegenheit als Frucht von Streitigkeiten zwischen Glaubenseiferern konkurrierender Bekenntnisse darzustellen, während es sich in Wirklichkeit um einen Kampf zwischen Humanität und Zivilisation auf der einen Seite und grausamer Gier auf der anderen Seite handelt, ist es von Wichtigkeit, die vorhandenen Zeugenaussagen in Rubriken geordnet und voneinander getrennt zu betrachten.

Die Organisation der katholischen Kirche ist disziplinierter und gestattet geringere individuelle Initiative als die der religiösen Körperschaften, aus denen die kühnen Vorkämpfer der Gerechtigkeit im Congo-Lande hervorgegangen sind. Die einfachen Priester waren gewiß innerhalb der Grenzen ihres Verständnisses ebenso entsetzt wie andere, aber ihnen fehlten die Möglichkeit der Kundgebung nach außen. Herr Colfs, selbst Katholik, sagte in der belgischen Kammer: „Unsere Missionare besitzen weniger Freiheit als die fremden. Man erwartet von ihnen, daß sie schweigen … Es gibt Knebel. Solch einen Knebel hat man den belgischen Missionaren in den Mund gesteckt.“

Herr Satini, der katholische und royalistische Deputierte für Rom, ist einer der Leiter in der Anti-Congobewegung gewesen und hat Ausgezeichnetes in Rom geleistet. Aus seinen eigenen Quellen bestätigt und erweitert er alle Anklagen der Amerikaner und Engländer. Am 4. Februar 1907 sagte er im italienischen Parlamente:

„Ich bin stolz darauf, als erster die Frage des Congo vor dieses Haus gebracht zu haben. Wenn uns heute die Schande erspart bleibt, tapfere und unbescholtene Offiziere unseres eigenen Heeres unter dem Befehle von Vereinigungen zu sehen, die aus Schindern, Sklavenhaltern und Barbaren bestehen, so darf ich behaupten, daß ich, zwar in bescheidenen Grenzen, aber doch mit Erfolg, an der Herbeiführung dieses Resultates mitgearbeitet habe."

Aus einer derartigen Äußerung spricht keine kleinliche Dogmatik. Auch haben katholische Zeitungen gelegentlich sich mutig zur Frage geäußert. Das Brüsseler royalistische und katholische Blatt „Le Patriote" sagte am 28. Februar 1907 in einem empörten Leitartikel:

„Der Aufstand dehnt sich in dem A.B.I.R.-Gebiete aus. Die Regierung selbst erzwingt die Beschaffung des Gummi und liefert es am Antwerpener Quai den Maklern der A. B. I. R... Nichts hat sich am Congo geändert. Dieselben schändlichen Maßregeln gelangen zur Ausführung, dieselben Gewalttaten werden verübt ... Die Regierung trifft dieselben Maßregeln wie im Mongalla-Gebiete und überschwemmt das Land mit Soldaten, um die Leute gänzlich zu erdrücken, sie zur Arbeit zu zwingen und die Ausbeute an Gummi zu erhöhen ... Das Andenken dieser verruchten Taten wird sich dem Gedächtnis des Menschengeschlechtes und der göttlichen Rache einprägen. Über kurz oder lang werden die Henker vor Gott und der Geschichte Rechenschaft ablegen müssen."

Besonders ein Orden der katholischen Kirche ist stets in seiner Behandlung eingeborener Rassen einer edlen Tradition gefolgt. Das sind die Jesuiten. Niemand, der die Geschichte von Paraguay oder die Aufzeichnungen der Indianer-Missionen aus dem achtzehnten Jahrhundert kennt, kann die selbstlose Hingebung vergessen, die sie bewiesen. Vater Vermeersch, ein würdiger Nachfolger solcher Vorgänger, hat ein Buch, „La Question Congolaise", veröffentlicht, in dem er in seiner Stellung als Katholik kein Hindernis sieht, die Mißstände des Congo zu entlarven. Die Stellung, welche er zu der Frage einnimmt, ist in jeder Hinsicht mit der der englischen Reformatoren identisch. Seine Worte über das Recht der Eingeborenen auf ihr Land hätten ebensogut von Herrn Morel gesprochen werden können. Er sagt: „Wem gehört das Gummi, das auf dem von den Congo-Eingeborenen bewohnten Boden wächst? Den Eingeborenen und niemandem anders, falls sie nicht ihre Einwilligung geben und gerechte Entschädigung erhalten."

Die Reservation des König Leopold greift er folgendermaßen an:

„Die Menschlichkeit, für die wir eintreten, der Begriff christlicher Rechte, den wir einzupflanzen bestrebt sind, zwingt uns, in Kürze auf eine sonderbare und geheimnisvolle Schöpfung einzugehen, die dem Congo-Staate eigentümlich ist, – Die Domaine de la Couronne.

Was sind die Einnahmen dieser mysteriösen Person ? Die von Herrn Cattier angestellten, mehr oder weniger auf An-nahmen beruhenden Schätzungen scheinen zu ergeben, daß allein die Gummiausbeute jährlich einen Gewinn von acht bis neun Millionen Franken abwirft. Der Comte de Smet de Naeyer reduziert die Zahl auf vier bis fünf Millionen. Wenn einem keine positiven Tatsachen zur Verfügung stehen, kann man sich nur in Annahmen ergehen, aber desto größer ist unser Bedauern, daß ein undurchdringlicher Schleier alles einhüllt, was sich in dieser Domäne zuträgt. Sie ist acht bis zehn mal so groß wie Belgien, und innerhalb dieses ganzen ungeheuren Gebietes befindet sich weder ein Missionar noch ein richterlicher Beamter.“

Dann richtet Vater Vermeersch sein Augenmerk auf die Abrechnungen des Congo, und seine Kritik ist vernichtend. Er beweist ausführlich und mit scharfer Beherrschung des Gegenstandes, daß zwischen dem sogenannten offiziellen Rechenschaftsberichte und dem tatsächlichen Budget keine Verbindung besteht. Im Laufe der Entwickelung des Staates ergab sich ein Reingewinn von vielen Millionen Mark, für deren Verbleib niemals Rechenschaft abgelegt wurde. Vater Vermeersch stimmt in diesem Punkte mit den gleichfalls ausführlichen Berechnungen des Brüsseler Professor Cattier überein.

Die ökonomische Sachlage bezeichnet er kurz folgendermaßen:

„X., Distriktkommissar, verübt täglich Dutzende von Vergehen gegen die persönliche Freiheit. Was ist zu machen ? Diese Verfehlungen gegen das Gesetz sind bei einem großen Unternehmen, welches Arbeiter beschaffen muß, unerläßlich. In solchen Fällen würde das Dazwischentreten eines Richters eine verhängnisvolle Unklugheit sein und in dem Gebiete Unruhen hervorrufen.“

„Aber das Gesetz?“

„Ach was! Das Gesetz ist im Congo nicht anwendbar!“

„Aber würde man nicht für eine anständige Entschädigung freie Arbeitskraft erhalten?“

„Das ist gerade der Punkt, wo der Staat nicht nachgeben will. Er behauptet, daß das Unternehmen ohne Kosten durchgeführt werden muß.“

Er widerlegt noch einmal das Märchen von der vierzigstündigen Zwangsarbeit im Monat:

„Der Staat kann die Quantität Gummi, welche er jährlich verkauft, unmöglich zusammenbringen, wenn die Arbeitsleistung des einzelnen auf vierzig Stunden monatlich beschränkt wird, namentlich da ein Teil dieser Zeit von anderem mühevollen Fron in Anspruch genommen wird. Eins ist deshalb nur möglich: entweder wird der Überschuß durch freiwillig geleistete Arbeit zusammengebracht – wie kann man dann logischerweise von einem Zwange sprechen? oder durch erzwungene Arbeit. Ist dies letztere der Fall, so ergibt sich, daß das ganze Vierzig-Stunden-Gesetz nur ein Schwindel ist.“

Auf die Wurzel allen Übels deutet er folgendermaßen:

„So lange wie ein unbeugsamer Wille die Quantität der zu erlangenden Gummiausbeute vorherbestimmt; so lange wie Befehle erlassen werden wie der folgende: ‚Lassen Sie Ihre Gummiausbeute monatlich um fünf Tonnen zunehmen!‘ (wie Vater Cus und Van Hencxthoven in ihrem Berichte angeben), können wir keine ernstliche Besserung der Verhältnisse erwarten, welche von uns allen herbeigewünscht wird …

Der Generalgouverneur ernennt und entläßt die Richter nach Gutdünken, hebt die auferlegten Strafen auf, schickt sogar, wenn es nötig ist, die Richter nach Europa zurück. Wer erkennt nicht die große Gefahr solcher Abhängigkeit? Aber das ist nicht alles. Kein Verfahren kann gegen einen Europäer ohne Erlaubnis des Generalgouverneurs eingeleitet werden.“

Und schließlich gibt er die Gründe an, aus denen er sein Buch geschrieben hat:

„Der Anblick unermeßlichen Jammers hat mich veranlaßt, dieses Buch zu veröffentlichen. Die Schwere des Übels, seine eigentliche Ursache war uns lange entgangen. Als wir sie aber entdeckt hatten, konnten wir die Erregung, die in uns kochte, nicht länger zurückhalten und wir beschlossen, uns an die Bürger eines edelmütigen Landes zu wenden und an ihre Religion, ihren Patriotismus und ihre Herzen zu appellieren!“

Wenn solche Beweise solchen Quellen entströmen, muß dann nicht manchen hohen Würdenträgern der katholischen Kirche, Bischöfe und Kardinäle mit eingeschlossen, die nach Kräften die Reformbestrebungen bekämpft haben, das Gewissen schlagen? Schlecht informiert, weil sie es versäumt haben, der Wahrheit nachzuforschen, stehen sie vor der Welt da als Beschützer von Maßregeln und Verhältnissen, die der Geschichtsschreiber dereinst als das größte Verbrechen der menschlichen Geschichte bezeichnen wird.

XI. Das Beweismaterial bis zum heutigen Tage

Ich werde jetzt einige Auszüge aus den Berichten mehrerer britischer Konsuls und Vizekonsuls hinzufügen, welche während der letzten Jahre eingelaufen sind. Sie beschäftigen sich weniger mit den Gewalttaten, die, wie sie zugeben, sehr nachgelassen haben, als mit der allgemeinen Lage des Volkes, das in beklagenswerter Armut und Verkommenheit lebt, in tatsächlicher Sklaverei, aber ohne die Pflege, welche der Sklavenhalter dem Sklaven angedeihen läßt, um ihn bei Gesundheit und Kräften zu erhalten. Ich füge den Auszügen aus den Berichten des Vizekonsuls Michell vom Juli 1906 keine weiteren Bemerkungen hinzu:

„Die meisten der primitiven Brücken über die zahlreichen Bäche und Sümpfe sind fortgefault, wir fanden deshalb einige Schwierigkeit, vermittelst gefallener Bäume oder einiger dünner Stöcke hinüberzukommen. Das war auf dem Wege nach Banalya; ich möchte jedoch erwähnen, daß dieser Zustand der Wege, so gar der verkehrsreichsten, in der ganzen Provinz vorherrschend ist. Der Grund liegt darin, daß die lokalen Behörden weder Männer, noch Mittel, noch Zeit zu ihrer Verfügung haben, um ordentliche Wege herzustellen. Der Geiz des Staates in dieser Beziehung fällt am meisten in der „Domaine Privé“ auf, aus welcher große Erträge fließen, ohne daß Ausgaben gemacht werden.

„Solange die Politik der Staatsregierung darin besteht, alles, was nur möglich ist, aus dem Lande herauszuziehen, nur lokales Material zu benutzen und eine möglichst geringe Summe für Entwicklung und Verbesserungen auszugeben, kann man keine Steigerung der allgemeinen Wohlfahrt erwarten.“

„... Auf allen Posten an dem nördlichen Ufer (dem rechten), zwischen Yambuya und Basoko, fand ich die europäischen Agenten abwesend. Sie waren im Innern, und sogar in Basoko hatte man nur den Arzt zurückgelassen. Alle übrigen Mitglieder der Verwaltung waren ‚en expedition‘, d.h. ‚auf Strafexpedition‘.

„Ich blieb fünf Tage in Basoko, teils auf die Bitte des Dr. Grossule, teils weil ich den Wunsch hatte, etwas von den Vorgängen im Innern kennen zu lernen. Drei Ladungen mit Gefangenen trafen ein, die sämtlich schwer mit Ketten gefesselt waren. Ich konnte über sie jedoch nur erfahren, daß Leutnant Baron von Otter sie gesandt hatte, der beauftragt worden, in dem Vorgebirge zwischen der Mündung des Aruwini und des Congo die Arbeitsleistungen zu erzwingen.

„In allen Basenji-Ortschaften, durch welche ich auf meinen zwei Reisen gekommen bin, versicherten mir die Eingeborenen, daß sie monatlich drei Wochen auf die Suche nach Gummi verwenden müssen, und daß sie außerdem ihre Ausbeute alle drei Monate nach dem vier bis sechs Tagereisen entfernten Staatsposten zu transportieren haben.

„Dieses Gebiet ist bis zur letzten Möglichkeit besteuert, aber kein Pfennig des Gewinnes wird auf die Wege verwandt. Der Zustand der wichtigsten Verkehrsstraße in der Provinz ist geradezu schändlich – und noch dazu ist dies gerade der Weg, auf den die Behörden besonders stolz sind.

„Mit Ausnahme unbedeutender Ausgaben für vereinzelte Dinge betreibt die Regierung die Ausnutzung des Landes ohne andere Kosten als die den weißen Beamten gezahlten Gehälter; aber es sind nur sehr wenige vorhanden. Allerdings gibt es eine Force publique und einige Travailleurs. Sie werden auf der Basis des Aushebungssystems rekrutiert und empfangen Löhnung nebst Rationen, aber gleichfalls nach Maßgabe niedrigster Rate.

„Was die Basenji betrifft, so werden folgende Einzelheiten über eine im Walde gelegene Ortschaft zeigen, was von den Einwohnern verlangt wird. Die Ortschaft zählt vierzehn erwachsene männliche Personen. Sie arbeitet mit einer benachbarten Ortschaft zusammen, welche neun männliche Erwachsene zählt Die Häuptlinge sind Brüder. Alle 45 Tage muß jeder Mann einen großen Korb mit 25 Pfund Gummi zum Staatsposten tragen. Um diese Ausbeute zusammen zu bekommen, brauchen sie 30 Tage, obgleich der Fundort nur eine Tagereise entfernt ist. Dann brauchen sie 5 Tage, um ihre Last zum Staatsposten zu schaffen und drei Tage zur Rückkehr. Demgemäß verwenden sie 38 Tage von 45 Tagen im Frohndienste des Staates. Für den Korb Gummi erhalten sie I kg Salz im nominellen Werte von 1 Fr. Außerdem erhält der Häuptling 1 kg Salz als Abschlag. Wenn aber das Gummi in Quantität oder Qualität zu wünschen übrig läßt, so setzt sich der Mann einer Auspeitschung oder Einkerkerung ohne Verhör aus. Da seine Lieferung aber eigentlich die Ausbeute einer nur vierundzwanzigstündigen monatlichen Arbeit sein soll, so verstehe ich nicht, wie man den Eingeborenen für die Qualität verantwortlich machen kann, selbst wenn er das Gummi absichtlich mit anderem Material mischt.

„Alle Leute haben den Mut verloren und alle sind der Ansicht, daß es ihnen zur Zeit der Araber besser ging, deren Herrschaft doch nur mit Unterbrechungen währte, und vor denen sie fortlaufen konnten … . Ich muß gestehen, daß ich während mehr als neunzehnjähriger Erfahrung im nördlichen und zentralen Afrika niemals solch eine jammervolle, elende Sippschaft gesehen habe, wie die Basenji in diesem Staate …

„Es ist ganz klar, daß die Inspektoren, sie mögen so gewissenhaft, arbeitsam und loyal sein wie sie wollen, nicht imstande sind, unter dem gegenwärtigen System die übermäßigen Auflagen der Eingeborenen zu mildern und erträglich zu machen . . .

„Es hat nicht den geringsten Wert für die Eingeborenen, wenn man ihnen Land und Samen übergibt, ohne ihnen auch Zeit für die Bestellung des Landes zu lassen …

„Die Behauptung, daß der Staat die Ausgabe nicht tragen könne, ist absurd. Der Congo wird in unbarmherziger Weise besteuert, und ich glaube nicht, daß es ein anderes Land gibt, auf welches so wenig Geld verwandt wird. Der Steuerzahler erhält buchstäblich nichts dafür, daß er sein Leben in tatsächlicher Sklaverei verbringt, um die Regierung zu erhalten.

„Wenn Handel und Schiffahrt wirklich frei wären und unter dem Schutze einer geeigneten Polizei ständen, dann könnte der bereits in gewissem Grade bestehende deutsche Handel auf dem Wege durch Ujiji sehr entwickelt werden, ebenso wie der Handel mit den britischen Kolonien und Zanzibar.

„Auch würden die Unternehmungen der holländischen Händler, welche noch bis vor einigen Monaten eine ziemlich beträchtliche Flotte auf dem oberen Congo und seinen Nebenflüssen unterhielten, ebenso wie die der Franzosen zu Brazzaville und der Portugiesen, sehr vorteilhaft beeinflußt werden. Sie alle sind von dem oberen Congo verschwunden. Hier in Bopotol, wie überall, schienen mir die Eingeborenen so schwer besteuert, daß sie den Mut verloren hatten und sich als Sklaven der „Bula-Matadi“ betrachten. Die andauernde Notwendigkeit, Gummi, Nahrungsmittel oder Arbeitskraft zu beschaffen, läßt ihnen keine Erholung und keine Gemütsruhe.“

Aus dem Berichte des Vizekonsul Armstrong vom Oktober 1906 gebe ich nachfolgenden Auszug:

„Meine Beobachtungen auf der Reise durch diesen Teil des Landes zwingen mich zu dem Schluß, daß die Lage der Bewohner des A.B.I.R.-Gebietes eine beklagenswerte ist. Obgleich die in der Nachbarschaft der Missionen Lebenden wenigstens verhältnismäßig sicher vor Mißhandlungen durch die Gummiagenten und ihre bewaffneten Knechte sind, müssen die Bewohner der von den Missionen entfernt liegenden Gegenden die schlimmsten Brutalitäten ertragen.

„Freie Arbeit kennt man nicht, denn die Eingeborenen werden gegen gänzlich unzureichende Entschädigung zur Arbeitsleistung gezwungen. Bei einem Besuche der verschiedenen Gummi erzeugenden Ortschaften würde man erwarten, einige Anzeichen europäischer Bequemlichkeiten zu erblicken als Entgelt für das Gummi, welches im Werte von vielen Millionen Mark aus dem Volke herausgepresst worden. Aber die eingeborenen Einwohner besitzen tatsächlich überhaupt nichts.

„Ihre Lebensbedingungen sind erbärmlich. Schmutz und Elend ihrer Dörfer drängen sich nur allzu deutlich der Beobachtung auf. Die Leute leben in andauernder Ungewißheit, ob nicht im nächsten Augenblick Polizei oder Soldaten kommen werden, um sie aus ihrem Heim zu verjagen und ihre Hütten zu vernichten. Aus diesem Grunde ist es für sie unmöglich, ihre Lebensbedingungen durch den Bau zureichender Wohnstätten aufzubessern.

„Ehe nicht eine vernünftigere Methode der Besteuerung eingeführt wird, kann eine Änderung der bestehenden Verhältnisse nicht erwartet werden. Das augenblicklich in Kraft befindliche System gestattet den Gummiagenten die größtmöglichste Quantität Gummi zu dem allerniedrigsten Preise von den Eingeborenen zu erpressen und zu diesem Zweck bewaffnete Knechte zur Verwendung zu bringen."

Vizekonsul Armstrong berichtet weiter über eine Intrigue, die von der nichtswürdigen A.B.I.R.-Gesellschaft gegen den unerschrockenen Herrn Stannard ins Werk gesetzt wurde. Offenbar wollte man durch wiederholte Prozesse seine Gesundheit untergraben und ihm das Leben verbittern. Im Mai 1906 erhoben sich die Bewohner des Dorfes Lokongi gegen die Mordgesellen, „Wachen" genannt, und brannten ihre Wohnstätten nieder. Sofort wurde gegen Herr Stannard die Anklage erhoben, daß er die Eingeborenen zu dieser übrigens durchaus lobenswerten und natürlichen Tat angereizt habe. Man versuchte, die Eingeborenen durch Einschüchterung zu falschen Aussagen gegen ihn zu nötigen, und die Angelegenheit hätte für ihn schlecht ausgehen können, hätte der Konsul nicht sofort eingegriffen. In Begleitung des Herrn Stannard und des Direktors der A.B.I.R.-Gesellschaft begab er sich sofort zu der Ortschaft. Die Eingeborenen wurden zusammengerufen und ermahnt, die Wahrheit zu sprechen. Ohne Zögern erklärten sie, daß Herr Stannard nichts mit der Angelegenheit zu tun habe, aber daß die Vertreter der Gesellschaft gedroht hätten, sie zu foltern, wenn sie Herrn Stannard nicht beschuldigten. Der Direktor der A.B.I.R. verstummte diesen

Aussagen gegenüber und blieb eine Erklärung schuldig. Dann erklärte Konsul Armstrong in nicht mißzuverstehenden Worten (die übrigens seine offiziellen Vorgesetzten gut tun würden, nachzuahmen), daß die Angelegenheit weit genug gediehen sei, daß englische Geduld ihr höchstes Maß erreicht habe, und daß man Herrn Stannard in Frieden lassen müsse. Daraufhin stellte man die Verfolgung ein.

Ich will jetzt zu den jüngsten Berichten vom Congo übergehen, um zu beweisen, daß sich in den allgemeinen Verhältnissen nach den Berichten der unparteiischen, am Orte lebenden Männer nichts anderes geändert hat, als daß die tatsächlichen Morde und Verstümmelungen seltener geworden sind. Aber die große Unterdrückung und der Jammer der Bevölkerung scheinen eher zuzunehmen, als sich zu mildern. Die folgenden Auszüge stammen aus dem Berichte des Konsul Thesiger über seine Erfahrungen in dem Gebiete der Kasai-Gesellschaft, welche – dieser Punkt ist besonders beachtenswert – die enorme Dividende von 700 Prozent bezahlt hat. Ganz besonders sei der erste Paragraph der Beachtung derjenigen britischen und amerikanischen Reisenden empfohlen, welche auf Grund eines flüchtigen Besuches im Lande wagen, der Erfahrung der weißen Männer zu widersprechen, die ihr Leben dort zubringen:

„Trotzdem aus den Erklärungen der staatlichen Beamten nicht selten hervorgeht, daß sich einzelne Gewaltakte sogar in diesen Posten ereignen, so wird sicherlich der zufällig herbeikommende Reisende nichts von ihnen bemerken, und wenn er die Verhältnisse des Landes nach dem beurteilt, was er tatsächlich in diesen Stationen selbst sieht, so mögen seine Anschauungen durchaus ehrlich sein, aber sie sind gänzlich wertlos. Das ist gerade so, als ob irgendeine von guten Absichten beseelte Person, welche gehört hat, daß eine vornehme Firma ein großes Vermögen durch Ausbeutung ihrer Arbeiter erwirbt, sich anmaßte, diese Tatsache zu leugnen, weil ein vorübergehender Besuch im Verkaufslokale der Firma beweist, daß die Verkäufer hinter dem Ladentische wohl gekleidet und wohl genährt sind. Was weiß sie von all dem brütenden Jammer in der Wohnstätte des geschundenen Arbeiters, in der jedes Stück hergestellt wurde, das nachher am Ladentische verkauft wird.“

Nachdem er geschildert hat, wie die Kasai-Gesellschaft in ihrer Gier nach Reichtum und vielleicht in der Ahnung, daß ihre Herrschaft zu Ende gehen möge, die Gummireben abschneiden läßt, anstatt sie anzuzapfen (selbstverständlich ist dieses Vorgehen ungesetzlich, jedoch kommt es den belgischen Konzessionierten auf Ungesetzlichkeiten in ihrem Interesse nicht an), beschreibt er die Bedrückung der Einwohner:

„Die Arbeit ist erzwungen und ununterbrochen. Die Reben müssen im Walde ausfindig gemacht, abgeschnitten, aus dem Gewirre hoch wachsender Zweige hervorgezogen, der Länge nach geordnet und heimgetragen werden. Diese Arbeit muß andauernd wiederholt werden, da kein Mann eine größere Menge der schweren Reben tragen kann, als er in zwei oder drei Tagen sammelt. Unglücksfälle sind häufig, besonders unter den Bakubas, die groß gebaute Männer sind, Jäger und Landbauer ihrer Anlage nach, und an Klettern nicht gewöhnt. Wenn auch die Bakubadörfer noch ausgedehnt sind, so verschwindet doch die Bevölkerung. Hier kommt die Schlafkrankheit nicht vor, die für die Abnahme der Bevölkerung verantwortlich gemacht werden könnte, auch haben in den letzten Jahren keine Epidemien stattgefunden; Überarbeitung, Mangel an geeigneter Nahrung und die Unbill des Wetters, der sie sich aussetzen müssen, sind die alleinigen Ursachen. Der Bakubadistrikt gehörte früher zu den reichsten Nahrungsmittel hervorbringenden Gebieten des Landes. Mais und Hirse waren die Haupterzeugnisse, zusammen mit Manioc (Tapioca) und anderen Früchten. Das Land war so ergiebig, daß die Mission von Luebo hier ihre Maiseinkäufe machte. Unter dem gegenwärtigen Regime ist es den Eingeborenen nicht gestattet, Zeit auf Ackerbau, Jagd oder Fischerei zu „verschwenden", da dieselbe für Gewinnung des Gummi hergegeben werden muß.

„In einigen wenigen Ortschaften bestellten sie ganz verstohlen kleine Zipfelchen im Walde, wo sie eigentlich hätten Reben schneiden sollen. Aber sonst war es überall dieselbe Geschichte: die Capitas wollten ihnen nicht Zeit für Ackerbau erlauben, oder für Jagd und Fischerei. Wenn sie den Versuch machten, wurden ihnen die Netze und Gerätschaften zerstört. Die meisten Capitas gestanden auch auf Befragen ganz offen zu, daß sie entsprechende Instruktionen empfangen hätten. Diese Ortschaften leben jetzt von den Früchten der alten Maniocfelder und kaufen Nahrung von den Bakette. Unter diesen Verhältnissen ist die Abnahme der Bevölkerung nicht überraschend. Wie eine Frau sagte: ‚Die Männer gehen hungrig in den Wald; wenn sie zurückkommen, werden sie krank und sterben. Die Ortschaft Ibunge, in der früher der größte Markt des Distriktes wöchentlich abgehalten wurde, besteht jetzt aus einer Anzahl elender Hütten, von denen nur acht bewohnbar sind, und der Markt ist so gut wie tot."

Die Capitas sind also immer noch wie früher bei der Arbeit. Im Congo besteht der Begriff der Reform darin, daß man den Namen ändert – wenn man einen Einbrecher „Schutzmann" nennt, ist die Reform bewirkt.

Der folgende Abschnitt beweist jedoch, daß nicht nur der Capita, sondern auch der Agent derselbe geblieben ist. Gewiß, die weiße Rasse ist überlegen! Denn wenn der wilde Schwarze zurückschreckte, konnte ihn der Weiße an seine menschenunwürdige Aufgabe zurückpeitschen:

„Sobald ich das Gebiet von Ibanj, wo keine Gummisteuer erhoben wird, verlassen hatte, fand ich die Capitas mit sehr geringer Ausnahme alle mit Kapflinten bewaffnet. Ich bin ihnen oft begegnet, wie sie die Gummikarawanen zur Station der Gesellschaft eskortierten oder von Dorf zu Dorf gingen, um Gummi zu sammeln und die Tauschwaren für den nächsten Monat zu verteilen. Sie trugen ihre Flinten beständig, und tatsächlich habe ich selten gesehen, daß ein Capita sich ohne Flinte aus seinem Hause herausgewagt hätte. Das sind die Leute, die von der Kasai-Gesellschaft ernannt werden, um die Gummisteuer zu erzwingen. Immer aus einem fremden Stamme auserlesen, haben sie keine Sympathie für die ihnen unterstellten Eingeborenen, und da sie stets die Autorität des Agenten hinter sich haben, können sie tun, was ihnen behebt, so lange sie das Gummi zur rechten Zeit und in zufriedenstellender Quantität herbeischaffen.

Sie sind die unumschränkten Herren des Orts und erhalten von den Eingeborenen alles geliefert: Haus, Nahrung, Palmwein und Weiber. Sie üben in ausgiebiger Weise das Recht, die Einwohner für irgendein angebliches Versehen oder für Vernachlässigung ihrer Arbeit zu schlagen und einzukerkern, und legen sogar Geldstrafen in Gestalt von Kaurimuscheln auf, konfiszieren dieselben auch zu eigenem Gebrauche, wenn sie im Falle eines ‚Giftverhörs' von dem Angeklagten oder dem Kläger gezahlt werden. Trotzdem kürzlich in der belgischen Kammer das Gegenteil erklärt worden ist, finden diese ‚Giftverhöre' noch häufig im Lande statt. Der Eingeborene kann nicht Beschwerde führen, oder in irgendeiner Weise Genugtuung erhalten, da der Capita im Namen der Gesellschaft handelt und der Agent ihnen immer im Namen des ‚Bula-Matadi' droht. Wenn die Behörden den Wunsch haben, in dieser Angelegenheit Schritte zu unternehmen, so würden sie gut tun, sich um die Tätigkeit der Capitas zu Bungueh, Bolong und Zappo-Zap zu kümmern, von denen letzterer die Oberaufsicht über die Ortschaften bei Ibunge zu führen scheint, trotzdem er nicht in diesem Orte wohnt. Wenn die meisten schon schlecht sind, scheinen diese zu den schlechtesten zu gehören. Man kann aber die Capitas kaum tadeln, denn wenn sie nicht genug Gummi erpressen, dann setzen sie sich der Gefahr aus, ihrerseits unter der Hand des Agenten leiden zu müssen. Als Beweis mag ein Fall aus Sangela dienen, wo, wie mir berichtet wurde, der

Agent vor einiger Zeit den Capita in das Dorf zurückpeitschte, weil er nicht genug Gummi gebracht hatte. Zahllose Fälle könnten angeführt werden, aber die mitgeteilten werden wohl genügen, um die unter dem Schutze der Kasaigesellschaft geübten Methoden zu kennzeichnen. Und dennoch schreibt Dr. Dreypondt im Angesichte dieser Tatsachen in einem Briefe vom 8. März 1908: ‚Sie wissen, daß wir keine bewaffneten Wachen haben, sondern nur Handelsleute, die mit Waren jeglicher Art und unbewaffnet durch die Ortschaften gehen, um Gummi zu kaufen. – Wir bedienen uns nur des einen Handelsprinzipes: Nachfrage und Angebot.‘– Die Gesetze werden völlig ignoriert: „Viele Agenten bestrafen nicht nur selbst die Eingeborenen, sondern räumen den Capitas dasselbe Vorrecht ein. Nur auf diese Art und Weise können die Eingeborenen bei ununterbrochener Arbeit gehalten werden.“–

Der Selbstmord ist, im Gegensatz zu einigen orientalischen Rassen, bei dem Afrikaner keine natürliche Erscheinung. Aber auch er gehört mit zu den Segnungen der Regierung König Leopolds:

„In Ibanj, zum Beispiel, nur eine Tagereise von der Staats-Station entfernt, wurden zwei Baketteleute aus der Ortschaft Baka-Tomba vor nicht langer Zeit wegen ungenügender Lieferung von Gummi eingekerkert und täglich unter Bewachung mit Stricken um den Nacken zur Arbeit in die Felder gebracht. Einer von ihnen, der seiner Gefangenschaft müde war, gab eines Tages vor, daß er ein Tier im Baume sähe, und der Wachtposten gestattete ihm, es zu holen. Der Mann kletterte auf den Baum, band das um seinen Nacken befindliche Seil um einen Ast und erhängte sich. Man schnitt ihn ab und durch die medizinischen Kenntnisse eines der Missionare wurde er nach längerer Zeit wieder zum Leben zurückgebracht. Ich hatte Gelegenheit, den Mann selbst in seiner Ortschaft zu befragen, und die Erzählung wurde auch durch den Capita bestätigt.“

Die amerikanische Flagge gewährt den Verfolgten keine Sicherheit:

„Ungefähr um dieselbe Zeit hatte derselbe Agent die Frechheit, sieben bewaffnete Eingeborene zu der amerikanischen Mission zu nehmen, während die Missionare abwesend waren, und von dem Eingeborenen, der die Aufsicht führte, die Auslieferung eines Mannes zu verlangen, der infolge von Streitigkeiten fortgelaufen war und nach Aussage des Agenten sich in der Mission versteckt hielt. Der Aufseher, ein Mann aus Sierra Leone (also ein britischer Untertan), erklärte mit vollem Rechte, daß er zu der Auslieferung nicht befugt sei und daß er die Rückkehr der Missionare abwarten müsse. Eine Auseinandersetzung folgte, während welcher der Agent ihm zweimal in das Gesicht schlug. Da der Mann britischer Untertan war, sagte ich ihm, daß ich ihn unterstützen würde, wenn er den Agenten unter Anklage stellen wolle, oder aber, daß ich von dem Agenten die Zahlung einer Entschädigung in Tuchwaren verlangen würde. Da eine gerichtliche Verfolgung eine vierzehntägige Reise nach Lusambo erfordert haben würde und außerdem die Aussicht bestand, daß man den Kläger nebst allen Zeugen in Erwartung der Verhandlung dort vier bis sechs Monate hingehalten hätte, zog der Mann die Entschädigung vor. Dieselbe wurde auch bezahlt."

Konsul Thesiger fährt fort:

„Die beschriebenen Fälle können alle erwiesen werden, sie geben das typische Bild einer gewissen Klasse von Agenten, die, wenn auch nicht allgemein, so doch leider nur allzu häufig vorkommt. In verschiedenen Ortschaften wurden mir zahlreiche Klagen gegen einen gewissen Agenten vorgebracht, daß er die Eingeborenen wegen zu geringer Gummiausbeute nicht nur schlug und einkerkerte, sondern sie auch zwang, ihn mit Alkohol zu versehen, den sie aus Palmwein destillierten; auch daß er die Gewohnheit habe, sich gelegentlich der in seiner Station oder deren Nähe abgehaltenen Wochenmärkten derjenigen Frauen oder Mädchen zu bemächtigen, die ihm grade gefielen. Ich glaube, daß die Gesellschaft im vorigen Mai der amerikanischen Mission versprochen hat den Mann zu entfernen, aber auf meiner Durchreise war er noch dort. Der Gewalt derartiger Menschen überliefert, wagen die Eingeborenen keine Beschwerde bei der Behörde und sind gänzlich hilflos."

Angeblich und dem Scheine nach unternimmt die Gesellschaft keine Strafexpedition. Tatsächlich haben sie den kriegerischen Häuptling Lukenga engagiert, das Geschäft für sie zu besorgen. Ebenso angeblich und dem Scheine nach liefert man den Capitas keine Flinten. Tatsächlich tragen sie alle Flinten, von denen man behauptet, daß sie ihr persönliches Eigentum seien. Auf jedem Schritte begegnet man der Heuchelei und Umgehung des Gesetzes.

Mit Bezug auf Bakuba sagt Konsul Thesiger:

„Obgleich es ihnen an Mut und physischer Kraft nicht fehlt, sind sie dennoch eher eine ackerbautreibende als eine kriegerische Rasse, und ihre Dörfer waren früher wegen ihrer wohlgebauten und künstlerisch verzierten Häuser und der gut in Stand gehaltenen Ackerfelder wohl bekannt. Sie haben jedoch das Unglück, in einem waldigen, an Gummireben reichen Gebiete zu leben, und infolgedessen sind sie dem Fluche einer konzessionierten Gesellschaft, dem Kasai-Trust, verfallen. Als Resultat ergibt sich das Aussterben der heimischen Industrien, die Vernachlässigung ihrer Häuser und Felder, während die Bevölkerung nicht nur abnimmt, sondern auf das Niveau der weniger fortschrittlichen und fähigen Stämme herabsinkt.“

„Zweifellos sind die Bakuba heute der am schlimmsten geknechtete Stamm im Kasaigebiet. Von ihrem eigenen Könige im Interesse der Gummigesellschaft geplagt, von den Agenten und ihren Capitas gehetzt, entwaffnet und auch des gewöhnlichsten Rechtes beraubt, müssen sie, wenn keine Hilfe kommt, auf das Niveau der lasterhaften und verkommenen Bakette herabsinken.“

„Man fragt sich vergebens, welchen Vorteil diese Eingeborenen aus der vielgerühmten ‚Zivilisation‘ des Freistaates gezogen haben. Vergebens sucht man nach irgendeinem Zeichen der Bemühung, wohltätig auf sie zu wirken, oder sie in irgendeiner Weise für die ungeheuren Reichtümer zu entschädigen, die mit ihrer Hilfe in den Schatz des Staates fließen. Ihre Industrien werden vernichtet, ihre Freiheit hat man geraubt, und ihre Zahl nimmt ab. Ausschließlich von den Missionaren sind Versuche gemacht worden, sie zu zivilisieren, aber man wirft denselben auf Schritt und Tritt Schwierigkeiten in den Weg,“

Konsul Thesiger schließt mit der Bemerkung, daß die Gesellschaft jeden Anspruch auf Rücksicht verwirkt habe, weil sie in jeder Beziehung ungesetzlich vorgegangen sei, und daß, solange diese Gesellschaft bestehe, das Land hoffnungslos verloren sei. Das ist eine unverblümte Sprache. Aber sie läßt sich mit noch weit größerer Berechtigung auf den Congostaat selbst anwenden, dessen Produkt ja doch nur diese Sondergesellschaften sind. Ehe nicht der Congo-Staat aufhört zu existieren, besteht keine Hoffnung für das Land. Man kann die Ausdünstungen gährender Verwesung nicht beseitigen, solange die Verwesung selbst andauert.

Der nächste Bericht stammt aus der Feder des Rev. H. M. Whiteside und betrifft den berüchtigten A.B.I.R.-Distrikt. Ich gebe den Bericht ungekürzt wieder, um den Leser instand zu setzen, den Einfluß belgischer Herrschaft zu beurteilen:

„Ich möchte ein paar Tatsachen bezüglich der Zustände im A.B.I.R.-Distrikte zu Ihrer Kenntnis bringen.

„Während der ausgedehnten Reise, die ich kürzlich durch den Distrikt und besonders in der Bompana-Nachbarschaft unternommen, fand ich die Leute in allen von mir besuchten Ortschaften mit der Herstellung von Gummi beschäftigt, ausgenommen die Gegenden, welche ihre Steuer in Lieferung von Nahrungsmitteln zu erledigen hatten.

„Es ist schwer zu beurteilen, welche von diesen Steuern – die Lieferung von Gummi oder Nahrungsmitteln – die härtere ist. Die

Gummiarbeiter flehten uns an, sie von der Steuer zu befreien, und bei unserer Abreise von einer Ortschaft begleiteten sie uns eine beträchtliche Strecke, so daß es schwer war, sie los zu werden. Im Vergleich zu dem, was früher gefordert wurde, ist die Quantität des gesammelten Gummi nur gering, aber ich habe keinen Zweifel, daß die Produktion ein Drittel der Zeit der Leute in Anspruch nimmt. Viele Bewohner der Ortschaften hinter Bompana waren fort auf der Suche nach Gummi. Wir trafen viele vom Ijonji-Stamme im Walde, entweder bei der Arbeit an den Gummireben oder auf der Jagd nach einem Distrikte, in welchem die Reben vielleicht der Aufmerksamkeit anderer entgangen waren. Auch die Bewohner anderer Dörfer trafen wir bei derselben Arbeit im Walde. Fast die ganze Ortschaft zieht aus, um zu suchen – Männer, Frauen und Kinder.

„Wie wertlos sind im Angesichte dieser Tatsachen die Beteuerungen, daß die Gummisteuer im A.B.I.R.-Gebiete abgeschafft worden sei!

„Was nun aber die Steuer an Nahrungsmitteln betrifft, so ist es schwer, genaue Einzelheiten festzustellen, aber man erkennt sofort die bedrückte Lage der Leute, wenn man mit ihnen in Berührung kommt.

„Mit ihren Auflagen Nahrungsmittel, Träger und Ruderer zu liefern, sind die Leute von Bompona so in Anspruch genommen, daß sie, wie ich glaube, nur wenig Zeit für sich übrig haben. Vor allen Dingen kann man unmöglich den jämmerlichen, verkommenen Zustand der Leute übersehen, die in der Nachbarschaft der Staatsstation von Bompona wohnen. Die Häuser oder Hütten stimmen mit diesem Zustand überein. Ein sehr kleiner Tuchballen würde alles ersetzt haben, was die Leute an Kleidung am Leibe trugen. In dem ganzen Distrikte sah ich auch nicht einen einzigen Messingstab und nicht ein einziges Haustier mit Ausnahme einiger weniger jämmerlicher Hühner. Es unterliegt keinem Zweifel, daß sie den Wunsch haben, europäische Waren zu besitzen, aber sie haben nichts, um solche Waren zu kaufen außer Gummi und Elfenbein, und Gummi und Elfenbein verlangt der Staat für sich.

„Man glaubt vielleicht, daß ich ihre Lage in zu dunkeln Farben schildere, aber es bedarf starker Ausdrücke, um eine einigermaßen zutreffende Vorstellung von der gänzlichen Hoffnungslosigkeit und dem verkommenen Zustande der Leute in Bompona zu geben, d. h. der Bewohner der Dörfer bis 25 Meilen hinter der Staatsstation und in geringerem Grade auch der Bewohner gegenüber von Bompona.

Ikau, 15. Juni 1909. H. M. Whiteside."

Mit dem folgenden Berichte vom 1. Juni 1909 wollen wir schließen. Er kommt aus dem äußersten anderen Ende des Landes und stammt von einem Amerikaner, dessen Name nicht veröffentlicht, aber dem Auswärtigen Amt mitgeteilt wurde:

„Zu meinem Bedauern besteht die Notwendigkeit, für die Reform der Zustände im belgischen Kwangogebiet längs dieser Grenze zu agitieren. Immer noch findet Raub und Mord unter der Herrschaft des belgischen Beamten von Popocabacca statt. Im letzten Monat kam er mit einer bewaffneten Macht zum Mpangala-Nlele-Distrikt, zwei Tage westlich von hier, um einen neuen Häuptling mit der Congo-Medaille auszuzeichnen, an Stelle unseres alten (verstorbenen) Freundes Nlekani. Nlekani hinterließ eine Anzahl Söhne, aber keiner derselben willigte ein, die Verantwortlichkeit des Medaillen-Häuptlings auf sich zu nehmen. Sie stellten deshalb ihre Ortschaften unter den Schutz eines einflußreichen Häuptlings, der nördlich von ihnen wohnt.

„Der Vertreter der Congo-Regierung hatte ein Jahr lang darauf gedrungen, daß ein jüngerer Sohn des alten Häuptlings die Würde des Medaillen-Häuptlings auf sich nehmen sollte. Dieser junge Mann, namens Kingeleza, war ein stattlicher, intelligenter Bursche. Aber in der Besorgnis, daß er als jüngerer Sohn den Leuten gegenüber nicht über die nötige Autorität verfügen und mit der Regierung zerfallen würde, wenn er ihren Anforderungen nicht nachkommen könnte, schlug er das Anerbieten aus. Der belgische Beamte drängte jedoch so sehr, daß Kingeleza schließlich einwilligte, um einen Bruch mit der Regierung zu vermeiden.

„Auf seinem Marsche, um die ‚Investitur' vorzunehmen, plünderte der belgische Beamte mehrere Ortschaften und tötete zwei Männer. Kingelezas Leute, welche herbeigekommen waren um der ‚Investitur' beizuwohnen, hörten von dem Schicksal dieser Dörfer und flohen voller Furcht aus ihren eigenen Ortschaften, welche die Belgier bei ihrer Ankunft verlassen vorfanden. Daraufhin machten sich die Soldaten an die Arbeit, die Leute aus ihren Schlupfwinkeln in den Wäldern hervorzutreiben. Sie packten zwanzig, unter denen sich eine der Schwestern Kingelezas befand, ein junges, anmutiges Mädchen. Vier von ihnen wurden späterhin entlassen, aber die übrigen zusammen mit der Beute nach Popocabacca geschleppt. Das Haus des Evangelisten der amerikanischen Mission, der auf einer Reise nach dem unteren Congo abwesend war, wurde erbrochen; ein Zelt und Schulmaterialien wurden geraubt. Einige Soldaten trafen Kingeleza auf dem Wege und erschossen ihn, ohne zu wissen, wer er sei. Er wird jetzt noch immer von den belgischen Beamten gesucht.

„Derselbe ‚Banditenführer‘, wie ich vorziehe, ihn zu nennen, hat soeben wieder einen anderen Raubzug unternommen, auf welchem er sogar portugiesisches Territorium betrat, wenige Stunden von dem Platze entfernt, an dem ich schreibe. Er vernichtete in seiner Zerstörungswut alles, was er nicht forttragen konnte. Glücklicherweise konnten alle Einwohner fliehen, ehe er eintraf. Die Portugiesen meldeten diese Schandtat dem Generalgouverneur zu Loanda.“

Seit dem Erscheinen der ersten Auflage der englischen Ausgabe dieses Buches ist Herr Doerpinghaus aus Barmen vom Congo nach Europa zurückgekehrt und hat ein vollständiges und detailliertes Beweismaterial mitgebracht, aus dem hervorgeht, daß die Zustände überall, wo er Gelegenheit hatte, sie zu beobachten, so wüst und ungesetzlich sind wie je zuvor. Das Schaufenster wird aufgeputzt, um von dem durchreisenden Prinzen oder Touristen besichtigt zu werden, aber nur wer zum Geschäft gehört, weiß wie es im Laden zugeht.

XII. Die politische Lage

Ich habe bisher nicht die Frage der Finanzen des Congo-Staates berührt. Sie bildet einen ungeheuren Schandfleck, so ungeheuer, daß seine Grenzen sich noch gar nicht bestimmen lassen. Aber ich will mich nicht in diesen Sumpf hineinbegeben. Wenn die Belgier willens sind, sich in dieser Angelegenheit an der Nase herumführen zu lassen und ihren guten Namen auch in dieser Beziehung in Mitleidenschaft gezogen zu sehen, so haben sie selber schließlich die Kosten zu tragen. Ich will mich darauf beschränken, die hauptsächlichsten Tatsachen zu kennzeichnen. Seit der unabhängigen Existenz des Congo-Staates sind alle Berechnungen geheim gehalten worden; keine Budgets des vergangenen Jahres sondern nur Voranschläge für das kommende Jahr sind veröffentlicht worden. Der Staat hat ungeheure Gewinne erzielt und trotzdem Anleihen gemacht und die gewonnenen Summen für Spekulationen in China und anderweitig verwandt; verschiedene Geldsummen, die im Durchschnitte mehrere Millionen Pfund betrugen, sind dem König ausgehändigt worden, und dieses Geld wurde teilweise für Gebäude und Landbesitzungen in Belgien, teilweise für Gebäude an der Riviera, zur Bestechung von Politikern, wie zur Bestechung eines Teiles der europäischen und amerikanischen Presse (ich fürchte, daß auch die englische nicht ganz makellos dasteht) und schließlich dazu benutzt, um die Kosten für das Privatleben zu bestreiten, welches den Namen des Königs in ganz Europa so „berühmt" gemacht hat. Von den schuldigen Gesellschaften scheinen die ärmsten fünfzig und die reichsten einhundert Prozent jährlich zu bezahlen. Damit will ich diesen, schmutzigen Teil der Angelegenheit auf sich beruhen lassen. Denn ich appelliere an die Menschheit und sie kümmert sich um höhere Dinge.

Ehe ich jedoch meine Aufgabe als beendigt betrachten kann, möchte ich kurz auf die Entwicklung der politischen Lage zurückschauen, wie sie zunächst Großbritannien und den Congo-Staat einerseits und Großbritannien und Belgien andererseits betrifft. In beiden Fällen fungierte Großbritannien als Sprachrohr der zivilisierten Welt.

Soweit sich feststellen läßt, erhob die britische Regierung zu der Zeit, als der Congo-Staat seine vernichtende Maßregel traf, keinen energischen Protest. Daß der Staat den ehrlichen Pfad verließ, dem bis dahin alle europäische Kolonien gefolgt waren, und den ganzen Landbesitz sich zu eigen machte – das war die direkte Ursache von all dem folgenden Jammer. Zuerst im Jahre 1896 begegnen wir Protesten gegen die Mißhandlung farbiger britischer Untertanen, die schließlich zu einer Erklärung des Herrn Chamberlain im Parlamente führten, daß eine fernere Rekrutierung aus den englischen Kolonien nicht gestattet werden würde. Zum ersten Male haben wir uns damals in scharfen Gegensatz zu der Politik des Congo-Staates gesetzt. Im April 1897 veranlaßte Sir Charles Dilke im Parlament eine Debatte über die Congo-Angelegenheiten, jedoch ohne definitive Resultate.

Unsere eigenen Schwierigkeiten in Südafrika, welche in Belgien einen Sturm der Entrüstung gegen gänzlich eingebildete britische Schandtaten veranlaßten, gestattete uns nur wenig Muße, unseren vertragsmäßigen Verpflichtungen gegen die Eingeborenen des Congo nachzukommen. Im Jahre 1903 drängte sich die Angelegenheit wieder in den Vordergrund, so daß eine wichtige Debatte im Unterhause stattfand, die mit der beinahe einstimmigen Annahme folgenden Beschlusses endete:

„Da die Regierung des Congo-Freistaates im Anfange seiner Existenz den Mächten garantiert hat, daß seine eingeborenen Untertanen mit Menschlichkeit behandelt werden sollen, ferner daß kein Handelsmonopol oder Privilegium innerhalb seiner Grenzen geduldet werden soll, ersucht dieses Haus die Regierung Seiner Majestät sich mit den anderen Mächten, welche gleichfalls den Berliner Vertrag unterzeichnet haben, auf Grund dessen der Freie Congo-Staat besteht, in Einvernehmen zu setzen, damit die Maßregeln, die zur Abstellung der in dem Staate bestehenden Mißstände erforderlich sind, getroffen werden."

Im Juli desselben Jahres fand die bekannte dreitägige Debatte im belgischen Parlamente statt, welche im wesentlichen durch die britische Resolution veranlaßt worden war. Obgleich die beiden tapferen Reformatoren, die Herren Vanderfelde und Lorand, durch die Stimmengewalt ihrer Gegner aus dem Felde geschlagen wurden, trugen sie dennoch die Lorbeeren der Debatte davon. Der Minister für auswärtige Angelegenheiten, Herr de Faverau, erklärte zunächst, daß überhaupt keine Verbindung zwischen Belgien und dem Congo-Staate bestehe und dann, daß es eine Verletzung der Gebote des Patriotismus sei, den Congo-Staat anzugreifen. Die Politik des Congo-Staates wurde von der belgischen Regierung in einer Weise verteidigt, welche diese Regierung für immer mit allen Verbrechen identifiziert, die ich geschildert habe. Kein Mitglied der Congo-Verwaltung hätte den diese Verwaltung beherrschenden Geist treffender und kürzer charakterisieren können, als M. le Comte de Smet de Naeyer es getan hat, als er sagte: „Sie (die Eingeborenen) haben überhaupt keinen Anspruch auf irgend etwas. Alles, was sie erhalten, wird ihnen freiwillig gegeben.“,Hat ein verantwortlicher Staatsmann jemals vorher eine solche Äußerung getan! Man bedenke doch nur: Im Jahre 1885 wird ein Staat gebildet, um „die moralische und materielle Entwicklung der Eingeborenen zu fördern“. Aber im Jahre 1903 „hat der Eingeborene überhaupt keine Ansprüche zu erheben.“ Die beiden Sätze bezeichnen den Anfang und das Ende der Laufbahn König Leopolds.

Im Jahre 1904 bewies die britische Regierung ihre andauernde Unruhe und Entrüstung über die Verhältnisse am Congo dadurch, daß sie den wahrhaft grauenhaften Bericht des Konsul Casement veröffentlichte. Dieses überall hin offiziell versandte Dokument muß doch die Augen der Nationen, wenn sie bis dahin dem Unternehmen des König Leopold gegenüber noch geschlossen waren, geöffnet haben. Man hoffte damals, daß diese Handlung Großbritanniens den ersten Schritt auf dem Wege einer Intervention bedeuten würde, und Lord Lansdowne sagte mit klaren Worten, daß unsere Hand sich der Nation entgegenstrecke, die einschlagen und zusammen mit uns die Aufgabe lösen wolle, Reformen zu erzwingen. Es ist kein Ruhm für die zivilisierten Völker, daß keines bereit war, unserem Appell zu willfahren. Wenn wir schließlich gezwungen sein sollten allein zu handeln, so können sie nicht sagen, daß wir nicht um ihre Mithilfe gebeten haben und dieselbe nicht wünschen.

Von dieser Zeit an waren Einsprüche der britischen Regierung häufig, wenn sie auch nicht entfernt die Entrüstung und Ungeduld derjenigen britischen Untertanen zum Ausdruck brachten, welche die wahre Sachlage kannten. Die britische Regierung enthielt sich extremer Mittel, weil man annahm, daß die bevorstehende belgische Annexion der Beginn besserer Tage sein und eine britische Intervention unnötig machen würde. Eine Verzögerung folgte der anderen und nichts geschah. Die neue liberale Regierung nahm sich der Sache mit demselben Ernste an, wie die ihr vorangehende unionistische, aber die diplomatische Etikette hielt sie davon ab, definitive Maßregeln zu treffen. Eine diplomatische Note folgte der anderen, während dessen eine zahlreiche Bevölkerung in Jammer und Verzweiflung versank. Im August 1906 erklärte Sir Edward Grey, „daß wir nicht eine Ewigkeit warten könnten“ – und dennoch sehen wir, daß er auch heute noch sich geduldet. Endlich im Jahre 1908 kam die lang ersehnte Annexion und der Congo-Staat vertauschte seine blaue Flagge mit der dreifarbigen Belgiens. Sofortige und gründliche Reformen wurden versprochen, aber nur um, wie alle übrigen, in nichts zu enden. Im Jahre 1909 begab sich Herr Renkin der belgische Kolonialminister, auf eine Inspektionsreise nach dem Congo – war aber freimütig genug, ehe er seine Reise antrat, zu erklären, daß sich dort nichts ändern würde. Diese Versicherung wiederholte er in Boma, nebst einer schönen Phrase über den „genialen Monarchen", der über ihre Geschicke walte.

Wenn diese Schrift vor die Augen des Lesers kommt, ist Herr Renkin bereits heimgekehrt – zweifellos mit den üblichen Versprechungen unwesentlicher Reformen. Ein Jahr lang wird es dauern ehe man sie formuliert, und wenn sie endlich verwirklicht sind, werden sie sich als gänzlich unnütz erweisen. Aber die Welt hat dieses Spiel allzu oft mitangesehen. Man wird sich nicht wieder äffen lassen. Auch die europäische Geduld hat ihre Grenzen. Seit Obiges geschrieben wurde, ist Herr Renkin zurückgekehrt und leugnet das Fortbestehen der Mißstände, was angesichts der von Dr. Doerpinghaus unwiderleglich bis ins Einzelne nachgewiesen Tatsachen einen peinlichen Eindruck macht. Seine Reformen sind lächerlich, soweit sie bekannt geworden sind, da er davon ausgeht, daß eine Landfrage im Congo nicht existiert, während, wie wir gesehen haben, gerade die Wurzel des Übels darin liegt, daß das Land seinen natürlichen Eigentümern entzogen worden ist. Es darf nicht vergessen werden, daß Herr Renkin selbst früher Direktor der Grands Lacs Concession war und daher begreiflicherweise ein eifriger Fürsprecher des Konzessionärsystems ist.

Im August 1909, ein volles Jahr nach der Annexion durch Belgien (übrigens wird diese Annexion durch Großbritannien erst dann anerkannt werden, wenn die Reformen gesichert sind) kehrte Prinz Albert, der Thronerbe, vom Congo zurück. Er sagt:

„Das Congo-Land ist ein wunderbares Gebiet, welches Männern von Unternehmungsgeist unbegrenzte Quellen eröffnet. Meiner Ansicht nach wird unsere Kolonie ein wichtiger Faktor in der Wohlfahrt unseres Landes sein, welche Opfer wir auch für seine Entwicklung bringen müssen. Unsere Aufgabe ist, für die moralische Wiedergeburt der Eingeborenen tätig zu sein, ihre materielle Lage zu bessern, die Plage der Schlafkrankheit zu unterdrücken und neue Eisenbahnen zu bauen!"

„Moralische Wiedergeburt der Eingeborenen!" … Nein! Moralische Wiedergeburt der Mitglieder seiner eigenen Familie und seines eigenen Landes – das ist es, was die Verhältnisse verlangen.

XIII. Wie sich der Congo-Staat entschuldigt

Es bleibt uns jetzt nur noch übrig, einige Versuche der Verteidiger des Congo-Staates, das Unentschuldbare zu entschuldigen, einer Prüfung zu unterziehen. Es ist nur gerecht, auch die andere Partei zu Worte kommen zu lassen. Ich werde so klar wie möglich wiedergeben was sie zu ihren Gunsten anzuführen haben.

1. Daß der Congo-Staat unabhängig ist, und daß sich niemand um die Vorgänge innerhalb seiner Grenzen zu kümmern hat. Ich hoffe, hier überzeugend dargelegt zu haben, daß der Staat im Jahre 1885 durch den Berliner Vertrag unter gewissen Bedingungen gebildet worden, und daß diese Bedingungen sowohl in bezug auf den Handel, wie in bezug auf die Eingeborenen nicht erfüllt worden sind. Deshalb besitzen wir das Recht, einzuschreiten. Aber ganz abgesehen von diesem Vertrage, können wir das Recht des Einschreitens aus Gründen der Menschlichkeit beanspruchen, wie dies ja mehr als einmal der Türkei gegenüber geschehen ist.
2. Daß die Verhältnisse im französischen Congo ebenso schlimm sind, und daß wir dort uns nicht einmischen. Das System französischer Kolonisierung ist gewöhnlich ein vortreffliches gewesen und es besteht deshalb jeder vernünftige Grund zu der Hoffnung, daß die Mißstände in diesem einen, durch böses Beispiel herbeigeführten Falle bald eine Besserung erfahren werden.
3. Daß das Verhalten Englands die Folge der Eifersucht auf den belgischen Erfolg ist. Wir betrachten die belgischen Errungenschaften nicht als Erfolg, sondern als den erstaunlichsten Mißerfolg, den die Geschichte aufzuweisen hat. Worauf könnte man denn auch neidisch sein? Etwa auf den Gewinn an Geld? Den könnten wir uns sofort verschaffen, wenn wir in irgend einer unserer tropischen Kolonien dieselben Methoden zur Anwendung bringen wollten.
4. Daß es sich um einen Anschlag der Liverpooler Kaufleute gegen den Congo handelt. Diese Legende ist auf die Tatsache zurückzuführen, daß Herr Morel, der Vorkämpfer in dieser guten Sache, sein kaufmännisches Geschäft in Liverpool betrieb und

daß er später zum Mitglied der Liverpooler Handelskammer erwählt wurde. Ein Zusammenhang zwischen Liverpool und der Bewegung besteht insofern, als Herr Morel im Laufe seiner überseeischen Geschäfte mit den Personen und Umständen der Tragödie in Berührung kam, darüber in gerechte Entrüstung geriet und den langwierigen Kampf begann, den er so selbstlos und bewundernswert fortgeführt hat. Tatsächlich hätten alle Geschäftsleute in Europa sehr guten Grund, sich gegen ein System zu wenden, welches ihren Handel aus einem Lande fernhielt, das doch ausdrücklich dem internationalen Handel freigegeben worden war. Aber gerade Liverpool hätte den geringsten Grund zur Klage aus geschäftlichen Rücksichten, denn es ist der Zentralpunkt der Schiffslinie, welche das Congo-Gummi von Boma nach Antwerpen transportiert. Wie traurig, daß irgend eine englische Gesellschaft sich dazu bereit finden ließ!

5. Daß es sich um eine protestantische Hetze handelt, um die katholischen Missionen zu schädigen und Vorteile zu erlangen. In allen britischen Kolonien können katholische Missionen gegründet werden und sich ohne Hindernis entwickeln. Würde der Congo morgen britischer Besitz, so würde man keine katholische Kirche oder Schule in ihrer Arbeit stören. Welchen Vorteil könnten die protestantischen Missionen also durch eine Änderung erreichen? Und tatsächlich stimmen Katholiken wie Protestanten in ihren Anklagen überein. Vater Vermeersch ist in seinem Bestreben ebenso eifrig wie irgend ein englischer oder amerikanischer Geistlicher.
6. Daß Reisende bei ihrer Durchquerung des Landes und andere, die im Lande wohnen, keine Spur von Gewalttätigkeit gesehen haben. Bei solchem Einwände erinnert man sich an die alte Geschichte von dem Manne, der auf die Anklage von drei Männern, die Zeugen seines Verbrechens gewesen waren, erklärte, das Übergewicht der Beweisführung läge auf seiner Seite, denn er könne zehn Leute vorführen, die nicht zugegen gewesen wären und nichts gesehen hätten. Von den weißen Landesbewohnern lebt die Majorität im unteren Congo, also dem Gebiete, welches mit dem mörderischen Gummihandel nichts zu tun hat. Ihre Aussagen kommen deshalb gar nicht in Betracht. Wenn ein Reisender den Congo heraufkommt, wird sein Kommen vorher sorgfältig gemeldet und alles für ihn in Bereitschaft gehalten. Kapitän Boyd Alexander nahm, wie ich höre, seinen Weg an der Grenze entlang, also in einer Gegend, in der man natürlich die besten Verhältnisse erwarten kann, da die Unzufriedenen ja

leicht die Grenze überschreiten könnten. Um die Hinfälligkeit solcher Argumente zu beweisen, möchte ich den Fall des Rev. John Howell anführen, der jahrelang auf einem der Missionsboote den Hauptstrom bereiste und während dieser Zeit niemals eine Schandtat sah. Sicherlich war er zu der Ansicht gelangt, daß seine geistlichen Brüder übertrieben hatten. Da, eines Tages, hörte er plötzlich Gewehrfeuer und wandte sein Boot in der Richtung. , ,Mit Entsetzen sah er, daß eingeborene Regierungssoldaten unter den Augen ihrer weißen Offiziere damit beschäftigt waren, die Leichname der soeben getöteten Eingeborenen zu verstümmeln. Drei Leichname lagen am Rande des Ufers und menschliche Glieder lagen in einer Entfernung von wenigen Metern in der Nähe des Dampfers umher. Sie sahen einen Soldaten, wie er Beine und andere Teile eines menschlichen Körpers fortschleppte; Ein anderer Soldat stand bei einem großen Korbe, in welchem die Eingeweide eines menschlichen Körpers lagen. Die beiden weißen Offiziere, welche die Abschlachterei leiteten, zwangen die Missionare sofort, sich zu entfernen." Und dies trug sich an dem Hauptstrome zu, zwanzig Jahre nach der europäischen Besitzergreifung.

7. Daß auch die Regierung von Uganda und anderen britischen Kolonien Land für sich in Anspruch genommen hat. Wo dies geschehen ist, wurde es durch freie Arbeit nutzbar gemacht und zwar im Interesse der Eingeborenen selber und nicht zu dem Zwecke, den Gewinn nach Europa zu senden. Hierin liegt der wesentliche Unterschied.
8. Daß sich in allen Kolonien unliebsame Dinge ereignen. Allerdings ist es wahr: keine Kolonisierung kann sich ganz von derartigem Tadel freihalten. Aber es ist die Aufgabe der unter normalen Verhältnissen lebenden europäischen Regierung, solche Mißbräuche nicht aufkommen zu lassen und sie zu bestrafen, besonders wenn sie von hoher Stelle ausgehen. Ich habe schon das Beispiel des Gouverneurs Eyre von Jamaika angeführt, der in England unter Anklage des Mordes gestellt wurde, weil er einen Eingeborenen hatte hinrichten lassen, und zwar zu einer Zeit, als unter den Eingeborenen tatsächlicher Aufruhr herrschte, dessen Leiter dieser Eingeborene war. Auch Deutschland hat nicht gezögert, diejenigen Beamten, die durch ihr Verhalten in den Tropen das Ansehen ihres Vaterlandes herabwürdigten, vor das Forum der Justiz zu bringen. Aber nach zwanzig Jahren unerhörter Greuel und Grausamkeiten hat man nicht einen einzigen Beamten, der eine höhere Stellung als die eines einfachen Kom-

mis inne hatte, verurteilt, ja, soweit ich unterrichtet bin, auch nicht einmal unter Anklage gestellt, und zwar für Verbrechen, die ihnen zweifellos auf britischem Gebiete den Galgen eingebracht hätten. Welche Chancen hätten Lothaire oder Longtain vor deutschen oder englischen Geschworenen? Hierin liegt der Unterschied zwischen den angewandten Systemen.

9. Daß sich die britischen Anklagen erst einstellten, nachdem der Congo-Staat zur Blüte gelangt war. Da der Reichtum des Congo seinem barbarischen Systeme entsprang, haben beide selbstverständlich zu gleicher Zeit die öffentliche Aufmerksamkeit auf sich gelenkt. Je schneller der Reichtum wuchs, desto grausamer wurde das „System" zur Ausführung gebracht.
10. Daß der Congo-Staat große Anerkennung dafür verdient, daß er den Verkauf von Alkohol an die Eingeborenen verboten hat. Allerdings sollte der Verkauf von Alkohol an die Eingeborenen in ganz Afrika verboten werden. Der Handel mit Alkohol wird durch den Wettbewerb veranlaßt. Wenn ein Häuptling Gin (Wacholder-Branntwein) für sein Elfenbein verlangt, so sichert sich derjenige das Geschäft, der den Gin liefert, während der andere das Geschäft verliert. Dies nur zur Erklärung, nicht zur Entschuldigung. Da aber in dem Congo-Staat kein Wettbewerb existiert, liegt für den Staat keine Versuchung vor, Alkohol zu importieren, der ja doch nur die Arbeitskraft und den Wert seiner geknechteten Bevölkerung herabsetzen würde. Im Lichte der völligen Immoralität der sonst überall betätigten Gesinnungsweise der Congo-Regierung ist es doch klar, daß das Verbot des Alkohols keinem edlen Beweggrunde entspringt, sondern vielmehr ausschließlich Erwägungen des eigenen Vorteils.
11. Daß die Entvölkerung des Landes durch die Schlafkrankheit verursacht worden ist. Die Schlafkrankheit trägt allerdings zu der Entvölkerung bei, aber alle die in diesem Buche angeführten Tatsachen beweisen, daß die ungeheuerliche Verschwendung an Menschenleben gerade dort stattfand, wo die Congo-Herrschaft am schwersten drückte.

Und so nähere ich mich dem Ende meiner Aufgabe. Wenn ich auf meine Schilderung der Tatsachen zurückblicke, so bin ich mir der Mängel derselben wohl bewußt. Wie viele charakteristische Beispiele mag ich ausgelassen, wie viele Schlußfolgerungen, wie viele neue Gesichtspunkte übersehen haben! Meine Erzählung mag überhastet, unzusammenhängend klingen, wie die Sprache eines Mannes, in welchem das Bewußtsein geschehenen Unrechtes und unerträglicher Übeltat brennt. Aber meine Schilderung entspricht der Wahrheit, und wer sie liest, kann sie nur mit der Überzeugung aus der Hand legen, daß sie das Bild der schrecklichen Wirklichkeit ist. Man denke an die Schar der Zeugen. Man beachte die ausführlichen Einzelheiten ihrer Aussagen. Man erwäge, daß die Existenz des Systems an und für sich niemals geleugnet worden ist und daß ein derartiges System ganz naturgemäß mit logischer Notwendigkeit derartige Folgen zeitigen muß. Und dazu füge man die Zugeständnisse der belgischen Kommission. Auch dem Ungläubigsten muß sich die Gewißheit aufdrängen, daß die Anklagen der Reformatoren von Grund aus bewiesen worden sind. Und es handelt sich nicht nur um die Vergangenheit. Vielmehr dauern die Verhältnisse in dieser Stunde fort. Die belgische Annexion hat keine Veränderung gebracht. Die Maschinerie und die Leute, welche sie bedienen, sind dieselben geblieben. Allerdings sind die Schandtaten seltener geworden. Der Lebensgeist der unglücklichen Menschen ist so völlig zugrunde gerichtet, daß es sich der Mühe nicht mehr verlohnt, sie fernerhin zu vernichten. Aber daß sich ihre Lage auf keinen Fall gebessert hat, geht aus der Tatsache hervor, daß die Gummiausfuhr nicht wesentlich abgenommen hat. Die Höhe dieses Exportes kann als genauer Maßstab für den angewandten Terrorismus gelten. Viele der alten Distrikte sind erschöpft, aber zur Entschädigung werden die neuen mit desto größerer Energie in Angriff genommen. Das Problem bleibt nach wie vor bestehen. Aber sicherlich, die Lösung naht. Sicherlich, die zivilisierte Welt hat durch ihre Untätigkeit eine Mitschuld auf sich geladen – aber sie wird dieselbe nicht in das Grenzenlose wachsen lassen!

XIV. Die Lösung der Frage

Was kann geschehen? Welche Schritte sollten unternommen werden? Wir wollen einige mögliche Lösungen erwägen.

Ein Gesichtspunkt beherrscht die ganze Frage: nämlich das Bewußtsein, daß jegliche Änderung einen Wechsel zum besseren herbeiführen muß. Die Stämme waren in ihrer alten wilden Ursprünglichkeit, wie Stanley sie fand, unendlich glücklicher, reicher und fortgeschrittener, als sie es heute sind. Wenn man sie in Frieden zu solcher Lebensweise zurückkehren ließe, so würden damit Verhältnisse erstehen, die zum mindesten keine Herabzerrung europäischer Ideale bedeuten, wie es unter der belgischen Herrschaft der Fall war. Wir können also guten Mutes an unsere Aufgabe gehen, denn, welche Veränderung auch immer eintreten wird, sie muß Fortschritt und Besserung bedeuten.

Kann eine Lösung durch Belgien herbeigeführt werden?

Nein! Das ist unmöglich. Diese Erkenntnis sollte uns vom Beginne an leiten. Die Belgier haben ihre Chancen gehabt. Fast 25 Jahre befanden sie sich in ungestörtem Besitze und haben diese Zeit benutzt, um das Land in eine Hölle zu verwandeln. Sie können nicht behaupten, an diesem Werke keine Gemeinschaft zu haben, sie können nicht vorschützen, daß diese Hölle das Werk eines anderen Staates sei. Nein: es entstand unter den Händen eines belgischen Königs, belgischer Soldaten, belgischer Beamter, belgischer Finanzleute, belgischer Juristen, unter dem Schutze und mit der Billigung belgischer Regierungen. Darum ist es außer Frage, daß Belgien am Congo bleiben darf.

Aber eine Reform vorausgesetzt, würde Belgien auch nicht den Wunsch haben, dort zu bleiben. Es könnte die Last gar nicht ertragen. Sobald man den Einwohnern Land und Freiheit zurückgibt, wird sich ihr Land in der Lage derjenigen deutschen und englischen Kolonien befinden, welche alljährlich bedeutende Kosten verursachen. Es ist ein Beweis der Ehrlichkeit deutscher Kolonialpolitik und ihrer moralischen Befähigung, eine große Kolonialmacht zu sein, daß fast alle ihre tropischen Kolonien ebenso wie die unseren, ein Defizit aufweisen oder doch aufgewiesen haben. Es ist leicht, einen Gewinn herauszuschlagen, wenn man ein Land ausnutzt, wie

Spanien Zentralamerika ausgenutzt hat, oder Belgien den Congo. Es wird im Anfange immer vorteilhafter sein, Raubbau zu treiben, als ein Geschäft systematisch zu entwickeln. Wenn der gewaltsam hervorgebrachte Gewinn in Fortfall kommt, so würden nach einer mäßigen Schätzung zwanzig Jahre lang jährlich mindestens zwanzig Millionen Mark erforderlich sein, um dem ausgesogenen Lande wieder die normalen Verhältnisse einer tropischen Kolonie zurückzugeben. Würde Belgien etwa willens sein, diese 400 Millionen Mark zu zahlen? Sicherlich nicht. Darum ist die Reform ein Ding der Unmöglichkeit, so lange Belgien das Gebiet inne hat.

Was kann also geschehen?

Die Staatsmänner Europas und Amerikas müssen die Frage entscheiden. Vor allen anderen beeilte sich Amerika im Jahre 1884 den neuen Staat anzuerkennen, und sein Beispiel verleitete die übrigen, Folge zu leisten. Aber seit dieser Zeit hat Amerika nichts getan, um auf seine eigene Schöpfung eine Kontrolle auszuüben. Amerikanische Bürger haben in dem gleichen Maße wie die britischen gelitten, amerikanischer Handel ist in demselben Grade behindert worden, obgleich König Leopold den schlauen Versuch gemacht hat, Amerika durch die Erlaubnis zu kompromittieren, daß einige amerikanische Bürger eine konzessionierte Gesellschaft bildeten und an dem unheiligen Raube teilnahmen. Aber in den Vereinigten Staaten herrscht hohes moralisches Bewußtsein: wenn die tatsächlichen Verhältnisse bekannt sein werden und das Volk imstande sein wird, die mit König Leopolds Dollars bezahlte journalistische Arbeit von den Äußerungen ehrlicher Zeitungen und Geschichtsschreiber zu unterscheiden, so werden die Vereinigten Staaten sicherlich bereit sein, sich in der Angelegenheit zu rühren. Die Vernichtung der Piraten war die erste Rolle Amerikas auf der internationalen Bühne. Mag sie ein glückliches Omen und einen Präzedenzfall bedeuten.

Die britische Regierung sollte sicherlich nicht länger zögern, die Entscheidung herbeizuführen. Der Weg liegt klar vor uns: Nachdem man mit den großen Mächten Fühlung genommen, sollte man ihnen allen das ganze Beweismaterial vorlegen und einen europäischen Kongreß zur Beratung weiterer Schritte zusammenrufen. Dieser Kongreß würde zweifellos mit der Teilung des Congo-Gebietes enden – und zwar sollte Großbritannien, dessen Verantwortlichkeiten für sein Reich schon heute allzu groß sind, gänzliche Selbstlosigkeit bewahren. Wenn Frankreich sich verpflichtete, seine Congo-Besitzungen in ebenso vorzüglicher Weise zu regieren, wie seine übrigen afrikanischen Kolonien, so könnte es seine Grenzen bis zum nördlichen Ufer des Flusses ausdehnen, an seinem ganzen Bette entlang, bis er sich südwärts wendet. Dann könnte man dort auf eine geordnete Regierung hoffen. Auch Deutschland könnte sein . östliches Besitztum erweitern, bis zum östlichen Ufer des Congo, wo er südwärts biegt. Nach Abtrennung dieser großen Gebiete würde es nicht schwer sein, in dem Zentrum eine große Reservation der Eingeborenen unter internationaler Überwachung zu bilden, jedoch dürfte diese Vereinbarung kein Fiasko ergeben, wie die frühere. Das Gebiet des unteren Congo und die Boma-Eisenbahn würden zweifellos Schwierigkeiten bereiten, aber auch diese können gelöst werden. Und schließlich bedeutet, wie wir schon sagten, jede Änderung, mag sie sein, was und wie sie will, einen Fortschritt.

Diese Teilung würde eine Lösung bieten. Ein anderer Vorschlag, der weniger dauerhafte und solide, also in dieser Beziehung auch weniger gute Verhältnisse herbeiführen würde, wird von Herrn Morel und anderen befürwortet, nämlich eine internationale Kontrolle des Flusses, für welche bereits, wie ich höre, gewisse Vereinbarungen bestehen. Die Schwierigkeit liegt nur darin, daß das Eigentum aller Nationen schließlich keiner Nation gehören wird und daß, sobald sich die Eingeborenen erheben und der allgemeine Tumult losbricht, der sich naturgemäß einstellen muß, sobald der belgische Druck schwindet, eine stärkere und an Geldmitteln reichere Gewalt notwendig sein wird, als eine internationale Aufsichtsbehörde des Flusses darstellen kann. Meiner Überzeugung nach würde nur eine Teilung eine solide, dauernde Reform herbeiführen.

Wir wollen aber annehmen, daß die Mächte die Einberufung eines Kongresses verweigern und daß uns sogar Amerika im Stiche läßt. Dann ist es unsere Pflicht, wie schon so oft in der Geschichte der Menschheit, daß wir auch diesmal allein die Lösung in die Hand nehmen, welche eigentlich eine gemeinsame Aufgabe sein sollte. Dies Schicksal ist uns oft zugefallen, und wenn wir unserer Vorfahren würdig sind, so nehmen wir es im Notfalle wieder auf uns. Wir müssen diesen Entschluß verkünden und einen Termin festsetzen. Und dann müssen wir handeln.

Und welche Entscheidung sollen wir treffen? Krieg mit Belgien? Dann mögen sie die Verantwortung tragen. Unsere Maßregeln müssen sich gegen den Congo-Staat richten, der noch nicht als Besitz Belgiens anerkannt worden ist. Wenn Belgien aber die Sache des Congo zu seiner eignen macht, gut, sei es so. Es gibt viele Mittel für uns, den Congo-Staat auf die Knie herabzudrücken. Zum Beispiel eine Blockade, aber diese hat den Nachteil, daß sie internationale Komplikationen herbeiführen könnte. Leichter würde es sein, dieses schuldige Land durch Proklamation als gesetzlos zu brandmarken.

Das würde bedeuten, daß die Gesetze des Landes allen britischen Untertanen gegenüber keine Geltung mehr hätten. Wenn dann britische Händler sich über die Grenzen begäben, so würde man sie nur auf eigene Gefahr belästigen können. Wenn britische Untertanen unter Anklage gestellt würden, so würde die Untersuchung vor britischen Konsular-Gerichtshöfen stattfinden müssen. Entständen Komplikationen, was wahrscheinlich ist, so müßte Boma okkupiert werden. Und diese Vorgänge würden dann sicher zu der europäischen Konferenz führen, von der wir angenommen haben, daß sie uns zunächst verweigert werden würde.

Noch eine andere Lösung: Wir lassen eine große Handelskarawane von Nord-Rhodesia aus die Grenze überschreiten. Wir beanspruchen das Recht des Freihandels auf Grund des Berliner Vertrages und erzwingen die Verwirklichung unseres Rechtes. Damit würden wir das ganze Congo-System an der Wurzel abschneiden. Sollte man sich der Karawane widersetzen – gut, dann folgt wiederum die Okkupation Bomas und der Kongreß.

Man könnte vielerlei Lösungen vorschlagen. Eine aber gibt es, die von selbst kommen und vielleicht ganz plötzlich das Ende der Congo-Macht herbeiführen wird. Nord-Rhodesia bevölkert sich allmählich. Die südafrikanische nomadische Bevölkerung, halb aus Buren, halb aus Engländern bestehend, Abenteurer und Löwenjäger, trecken an der Katanga-Grenze entlang. Sie sind nicht aus dem Stoff gemacht, daß sie weniger nehmen werden, als ihr Recht – das Recht des freien, allen garantierten Eintrittes und Handels. Noch im letzten Jahre erschienen zwölf Buren-Wagen an der Katanga-Grenze. Im Gegensatze zu allem internationalem Rechte zwang man sie zur Umkehr. Aber sie sind nur die Vorläufer vieler anderer. Niemand hat das Recht und niemand hat – mit Ausnahme ihrer eigenen Regierung – die Macht, sie fernzuhalten. Die Mächte von Europa mögen sich beeilen, die Verhältnisse zu ordnen, sonst werden sie sich eines Tages vor dem fait accompli befinden. Besser eine ordnungsgemäße Teilung unter der Leitung von Berlin oder Paris, als der Einfall eines Piet Joubert mit seiner schwarzen Gefolgschaft, die keine Gunstbezeugung darin erblicken würden, sich das zu nehmen, was ihnen von Rechtes wegen zukommt.

Aber zu welcher Lösung man auch immer gelangen mag, das Gewissen Europas sollte sich nicht nur mit der Sicherstellung der Zukunft zufrieden geben, sondern auch diejenigen bestrafen, die durch ihre Ungerechtigkeit und Gewalttätigkeit Christentum und Zivilisation in den Schmutz gezogen haben. Und dann sollten auch die geschwollenen Geldsäcke der mit 300 Prozent protzenden

Gesellschaften Entschädigungen hergeben für die Witwen und Waisen ihrer Gemordeten, Verstümmelten und Vernichteten. Das Gerechtigkeitsgefühl kann sich nicht mit geringerem zufrieden geben. Eine internationale Kommission mit Strafgewalt mag eine außergewöhnliche Maßregel sein, aber die ganzen Verhältnisse sind außergewöhnlich und Europa muß zu der Höhe der Aufgabe emporklimmen. Leider ist zu befürchten, daß man die jämmerlichen Agenten am Orte, die armen, gehetzten Kommissionsjäger als Opfer ausliefert, während die eigentlichen Verbrecher entwischen. Der Fluch des Blutes, der Abscheu eines jeden ehrlichen Menschen lastet heute schon auf ihnen. Oh, daß sie doch auch für die menschliche Gerechtigkeit erreichbar wären! Sie sind schuldig, ein Land geplündert, eine Nation zugrunde gerichtet zu haben, schuldig des größten Verbrechens in der menschlichen Geschichte, um so größer, als es im Namen der Menschenliebe ausgeführt wurde. Irgendwie und irgendwo muß sie die Vergeltung treffen!